梦 山 书 系

"梦山"位于福州城西,与西湖书院、林则徐读书处"桂斋"连襟相依,梦山沉稳、西湖灵动、桂斋儒雅。梦山集山水之气韵,得人文之雅操。福建教育出版社正坐落于西湖之畔、梦山之下,集五十余年梓行之内蕴,以"立足教育、服务社会、开智启蒙、惠泽生命"为宗旨,将教育类读物出版作为肩上重任之一,教育类读物自具一格,理论读物品韵秀出,教师专业成长读物春风化雨。

"梦"是理想、是希望,所谓"梦想成真";"山"是丰碑,是名山事业。"积土成山,风雨兴焉",我们希望通过点点滴滴的辛勤积累,能矗起教育的高山;希望有志于教育的专家、学者能鼓荡起教育改革的风雨。

"梦山书系"力图集教育研究之菁华,成就教育的名山事业之梦。

梦山书系

陶继新对话名校长系列
之六

陶继新 房彩霞 著

情暖校园

海峡出版发行集团
福建教育出版社

序

与房彩霞校长对话的这本书，当是我对话系列丛书中的一个"另类"。因为我所采写的对象，几乎都是在"守株待兔"的状态下完成的；即使如此，也一直是应接不暇。可采访房彩霞，却是一求再求，方才如愿的。

早在2005年5月27日下午，曾在营市东街小学作过题为《读书与教师成长》的报告；自然也就与在这所学校担任校长的房彩霞有了交往。同时，她与我二妹妹是很好的朋友，每年春节家人相聚，我都会问到她的情况；妹妹说她是一位卓越的校长，并列出一些事实证明所说绝非夸大其词。那么，我就对妹妹说，请转告房校长，开学之后，我专门去采访她。可下面就再没有了消息。不是妹妹没有传达我采访之意，而是她以不予回复的方式作了委婉的拒绝。下一年春节家人再次相聚，我会与妹妹再次重复去年的话语，而房彩霞则同样重复着"昨天的故事"。

后来，我与山东省教科所陈培瑞研究员在一起参加活动，他极其郑重地向我推荐房彩霞。陈培瑞在山东教育界是几乎人人皆知的教育专家，又是我的朋友。十几年前，他就在《现代教育导报》上发表的文章中，称我是当今中国教育界的伯乐，甚至夸张地称我为教育界的"星探"，说只要有了真正优秀的校长与教师，陶继新这个"星探"就会很快出现在他们的面前。他说，你不写房彩霞，不但有损你这个"星探"的美称，也会成为你整个教育采写生命中的一个巨大的遗憾。然后，他就向我滔滔不绝地谈起房校长的治校之道，以及与之相关的一个又一个温暖的故事。

话音一落，他就拨通了房彩霞的手机，不容置疑地告诉她，明天陶老师去学校采访你。

这一次，她没有拒绝。

陈培瑞先生十分兴奋，似乎完成了一项重大的历史使命。

而我，也决定为房彩霞写一篇长篇报道。

如约而至，静听房彩霞谈其教育管理理念、方略，以及弥撒其间的一个又一个让我或喜或悲，或亢奋或深思的教育故事。

房彩霞没有作精心准备，休说文稿，就是简短的提纲都没有；可是，对于学校的特点，以及自己的思考，她却如数家珍，如潺潺的细流，从山涧自然流淌而下，叮咚作响，又回旋着优雅的美感。尤其是讲到老师们的时候，那掩饰不住的喜悦之情，便会一览无余地洋溢在她那幸福的脸上。

如此具有教育情怀且又富有创意的校长，能够走进我的采写视野，何其幸也！

采访尚未终结，我便改变初衷，迫不及待地征求她的意见："我们可不可以像我采访过的其他几位名校长一样，完成一本对话的书呢？"

我认为她会十分兴奋，可她很平静地问："行吗？"

我毫不犹豫地说："绝对行！"

她淡淡地一笑，算作回答；可绝对没有激动。

其实，这些年要求我去采访且将对话成书的校长并非个例，而且一直呈上升的趋势；可绝大部分被我拒绝了。

房彩霞在我主动"出击"之后，竟然是如此的淡定！

这让我对她又多了一份敬意。

此后的对话一如先前，是通过QQ完成的。在对话过程中，我深深地感到，她对学校一往情深，将自己的整个生命投到了学校教育之中。那种植入骨髓的爱，会随着她的文字跳跃出来，不时地给我以深深的感动。陶行知说："没有爱就没有教育。"房彩霞不但有爱，而且有真爱，有大爱。也许受其感染，蕴藉于我心中的爱也活跃起来，并点燃了文字的火花。于是，在触摸其感情与精神世界的时候，我会情不自禁地作些理论的升华，为其"天然去雕饰"的文字内容，点燃起某些精神的亮色。

这样的对话，非但不累，反而是一种精神享受。

我们两人都极其忙，对话很难连续进行；可一有时间，我们双方电脑的键盘就会快速地跳跃起来。

我一直认为自己是一个会工作又会休息的人，所以，我不能加夜班，否则，第二天的工作效率将会非常低下。可通过对话发现，房彩霞工作起来可以通宵达旦，可仍然乐在其中，而且可以持续高效；同时，她还提出了"闲暇出智慧"的观点，因为她信奉约瑟夫·皮珀所之言："我们唯有能够处于真正的闲暇状态，通往'自由的大门'才会为我们敞开，我们也才能够脱离'隐藏的焦虑'之束缚。""我们不必是哲学家，只要能掌握闲暇，即能感应人生的真理：不断去体验惊奇的感觉，然后怀抱希望，不断继续摸索前进，直接走向哲学的至终本质：洞见和智慧。"

房彩霞，便是一个有洞见与智慧的校长。

而与这样的校长对话，在心灵不由自主地驶进愉悦快乐的王国的同时，也会情不自禁地打开智慧的大门。

我曾经在2013年第10期《黄河文学》上发表一篇题为《入道审美：写作的至高境界》的文章，同时，还在全国讲过一个讲座"近道写作：开启审美之门"。这种令一般人匪夷所思的观点，自然来源于我长期写作实践的感受，同时也与房彩霞对话不无关系。她让我越来越感到写作是如此之美。有时甚至会想，如果生命里少了写作，将会何等暗淡无光！

所以，一个多月断断续续的对话，无一例外都是在幸福的时光中度过的；而大功告成之后的书稿，也有了与美偕行的气度与智慧。

我很快将书稿进行了整理，并随后发到房彩霞的邮箱里，希望她修改整理之后，尽快交由出版社出版。

可在相当一段时间里，没有她的回音。

我认为她太过忙碌，所以，还是耐下心来等待。

半年过后，我二妹妹告诉我，房彩霞从校长转任教研室主任了。

我先是一愣，旋即给她拨通了电话。她说近期很忙，晚一段时间再联系。然后，就将电话挂了。

我百思不得其解，对学校教育工作有着如此深情与挚爱，又有创意与灵感的校长，为什么突然间换了工作？

又过了几个月，实在忍不住，就又给房彩霞挂通了电话。这次，她才向我透露了一点信息，说她对学校投入的感情太深了，突然从学校离开，心理上还未调整好，出书一事等等再说吧。

我知道，她在短时间内肯定很难从她与营东的故事中走出来。

尽管我一向不会劝人，尤其不会劝女人。不过，我还是对她说，营市东街小学是你工作了24年的地方，它成了你终生牵挂的地方，你的心永远不会从那里离开。所以，这本书会成为你的终生铭记，相信你与营东的故事会给更多的校长与教师以启迪。从这个意义上说，现在出版这本书的意义也许会更大。

她勉强答应下来，并说抽空修改书稿。

这一过，又是两三个月。

实在沉不住气，再次与她通了电话。并希望她在电子书稿的某些地方，加上相应的照片。为此，还给她快递过去我以前与几位校长对话的书，以供其借鉴与参考。

这一过，又是两三个月，问其进行得如何？回答说还没有完成。

我决定与她当面交流一下，很多事，仅在电话上谈是不能解决问题的。

我决定通过传统的方式，约她共进午餐；她答应了。

昨天，我带着我办公室的人员，与房彩霞一同坐在了一家酒店的一个叫作"五经"的房间里。

一见房彩霞，心里一下子敞亮了。她那洋溢着快乐和幸福的脸上，显得格外灿烂。我知道，对她来说，很多事情已经渐渐变为过去式，正成为她人生中的一段过往经历。

当谈到这本书出版一事的时候，她再没有犹豫，并希望能尽快出版。

不可回避地谈到书中需要的照片。

她说，这些年留存的照片太多了，而每张照片的背后，都有一个让她无法忘却的故事，都会勾起她的联想与回忆，再次撞击她积蓄在心底的感情。刚说到这里，她已经无法控制自己的感情，泪水已经爬到了她的脸上。

在我们几个人面前，她觉得很不好意思；赶快抽一张餐巾纸，迅速地将其擦掉。

抬起头，又见她阳光般的笑脸，我释然了，因为泪水擦去，她已经开始了新的心路征程。

尤其是饭后握手告别的时候，她爽朗地笑着，说要给我定一个尽快完成书稿整理工作的"合同"，还问我需不需要签字？

我摇摇头。因为我坚信，她不会让我等待太久，也许这个月末，她就会给我一个惊喜的。

其实，我也很激动；因为这本书不仅只有她的生命记忆，也有我精神的向往之乡，也会让更多的读者从中汲取某些生命的营养。

因为此前房彩霞对于出书的不确定性，我的序言也一直未写。昨天的相遇与交流，写序言当是时候了。因昨天下午有事未能动笔；今天上午一到办公室，便关上手机，打开电脑，我的手便快速地敲击起键盘，一个多小时后，这篇序言便诞生了。

细心的读者会从我已经出版的 40 多本书的序言中发现，这个序言也有点"另类"，它或许会给人"流水账"的感觉，可又觉得不是全无味道。因为我在写的时候，也有了自己感情之水的流动，真真正正的是"情动而辞发"。

迟到的序言，晚发的书稿，构成了我们两个人共同的遗憾；可从另一方面讲，也许当它走到读者之中的时候，会因房彩霞这一两年来的人生经历与深层思考，让人产生更多的回味与思考。

陶继新

2016 年 8 月 11 日于济南

目 录

第一章 我与"左岸"的故事 \ 1
　一、"左岸"一个闲暇出智慧的创意工作室 \ 1
　二、"左岸"每周相约精彩推荐 \ 3
　三、"左岸"倾情浇灌"100 天盛开的花" \ 9
　四、"左岸"用心书写"光阴的故事" \ 13
　五、"左岸"品营东之百味 \ 17
　六、"左岸"让快乐在创意中传递 \ 21
　七、"左岸"精英团队各有千秋 \ 24
　八、"左岸"心心相印惜惜相伴 \ 26

第二章 让学生成为校园内流动的文化 \ 28
　一、心怀责任　有心更要有行动 \ 28
　二、多元课程　润物细无声 \ 31
　三、真情触动　来自身边的感动 \ 37
　四、量身定做　将优秀品质具体化 \ 44
　五、温暖故事　成为抹不去的记忆 \ 46
　六、创设情境"制造"教育事件 \ 50
　七、改换视角　社会问题校园化 \ 52
　八、全员育人　人人充当"手电筒" \ 54

九、定义迭代　学生才是真正的校园文化 \ 59

第三章　让发展成为需求 \ 62
　　一、内在需求　发展之前提 \ 62
　　二、来自一位出租车司机的启示 \ 64
　　三、正视人之惰性 \ 67
　　四、敢于把自己当做焦点 \ 69
　　五、学而思之方为学习之道 \ 73
　　六、"想如何正确地干事"比"正确地干事"重要得多 \ 76
　　七、多几分"端详"与"盘点" \ 78
　　八、经营好你的品牌 \ 79
　　九、行之有道则一切皆有可能 \ 83

第四章　我爱我家 \ 85
　　一、找寻一份归属感 \ 85
　　二、目标总在不远处 \ 88
　　三、顺利合校　2008缔造一份和谐之美 \ 89
　　四、开设分校　2011秋日里的美丽绽放 \ 90
　　五、让每个细胞都活跃　让每个大脑都思考 \ 97
　　六、温情关爱　提升快乐指数 \ 100
　　七、赢在团队　胜在协作 \ 110

第五章　行走在共性与个性之间 \ 116
　　一、校长深情寄语 \ 116
　　　　——追求共性发展　亦力求个性张扬
　　二、确定办学理念 \ 118
　　　　——为每个生命撑起一片多彩的天空
　　三、满足学生共性发展的需求 \ 120
　　　　——打牢扎实的基础　为其人生填涂浓重的底色

四、满足学生个性的发展需求 \ 126

  ——搭建自由发展的平台　为其人生增添绚丽的色彩

五、多彩的生命需要多元评价 \ 138

  ——大家不同　大家都好

六、行走在共性与个性之间的教师发展 \ 152

  ——和而不同　各美其美

结语 \ 158

跋 \ 159

第一章　我与"左岸"的故事

一、"左岸"一个闲暇出智慧的创意工作室

【房彩霞】您好，陶老师，今天我们的对话就从我的个性化签名说起吧。我的 QQ 取名为"暇"，通过上次的谈话，不知道您能联想到我们学校的哪一项特色工作？

【陶继新】"暇"者，闲暇也，有优雅闲适之意，而且有一定的品位。这烙印着您的生命个性，如果与学校工作联系起来，您是不是要谈一下你们学校的"左岸"工作室？

【房彩霞】是的。"我是相信闲暇出智慧的，庆幸能够拥有片刻的小暇"是我 QQ 的个性化签名，这也是我取名"暇"的潜在意思。"在紧张中寻找闲暇，在闲暇中生成智慧"则是"左岸"工作室的定位。

【陶继新】工作紧张，也需要放松，正所谓"一张一弛，文武之道也"。闲暇不是散漫，更不是懒散，而是留一片安适给心灵。处于这种状态之下的心灵，往往可以生成意想不到的智慧。看来，"左岸"工作室当是一群志同道合之人于紧张之中寻找闲暇并聚合智慧的场所。

【房彩霞】是的，正如您所说，一群志同道合者凑到了一起，又心有灵犀地共同选定了"左岸"这一名字。有很多人都曾经问过我与"左岸"的

室主——我校的教科研主任丁莉为什么取这个名字，看来大家对于"左岸"都颇感兴趣。"左岸"起源于法国，因为被塞纳河分开，于是有了"左岸"一词，因为特殊的时代因素，"左岸"被赋予了悠闲与浪漫的含义。我想，其实每个人在严谨工作的同时，都希望能够拥有一份闲暇，于是诞生了"左岸"这个既严谨又浪漫的工作室。自2008年以来，"左岸"这个由一群来自一线的教师组成的工作室，在学校的发展中真的发挥了不可估量的作用。"相约左岸"对我来讲，真的已经成为了一份美丽的期待。我常想，也许正是由于这是一个真正来自一线教师的特殊团队，才可能对教师具有这么大的吸引力吧。

【陶继新】不少人认为，教师工作紧迫，只有奉献与付出，才有了"春蚕到死丝方尽，蜡炬成灰泪始干"的诗句。没错，教师是在付出与奉献，是在成就一批又一批的人才，可是，他们在成就他人的时候，也应当发展自身，在让他人愉悦的时候，自己也理应幸福甚至是诗意地生存着。从这个意义上说，"左岸"工作室的成立，就让教师在不断地付出与奉献的时候，有了另一片神奇的天空，有了诗意的生活，有了特殊的创意，以及在这种创意之下涌动起来的自信与欣慰。而且，有了这种自由舒展的心灵，即使工作紧张一些，也会感到其乐也无穷，以抵达特蕾莎修女所言的"工作是最大的休闲活动"的审美境界。

【房彩霞】您说得太对了，"左岸"成立之初，只有四五个人，我是作为CEO（老师们戏称）强力加盟的，其他"左岸"的成员均为市区名师或学校骨干教师。我常想，名师虽有盛名，也往往会为名所累，在高负荷紧张的工作状态中，在一成不变的工作氛围中，产生倦怠情绪总是难免的。如果换一种工作形式，变一种工作状态，改一种思维方式，结果又会怎样呢？不谦虚地讲，这三种改变在"左岸"都实现了。因为改变，他们的工作有了您所言的"另一片神奇的天空,有了诗意的生活,有了特殊的创意,以及在这种创意之下涌动起来的自信与欣慰"。在改变他们工作状态的同时,也发挥了名师的作用,借助这些平台促进教师们共同成长。时过三年,我欣喜地看到:星星之火,已经燎原。

【陶继新】一旦"为名所累",就会扭曲生命常态,就会失去生命本应有的快乐与真实。在这种状态下工作与生活的名师,是很难快速发展的。没有自然与真实、安适与快乐,工作效率势必低下,效益之低更是可想而知。"左岸"工作室改变了一些名师的生命状态,让他们感到工作原来可以这样富有情趣,自己竟然具有这么大的创造力,生命原来可以如此精彩。所有这一切,都是教师成长的生命之源。"问渠哪得清如许?为有源头活水来。"没有源头活水,名师将会名存实亡,最后连名也不复存在。相反,有了生命活水,就会具备持久的发展动力,就会名实相符,甚至越来越有名。更重要的是,工作与生活会越来越有情调,会感到生命越来越有意义。

二、"左岸"每周相约精彩推荐

【房彩霞】用"左岸"工作室室主丁莉主任的话说,在"左岸"工作室常常能看到这样的镜头:捧一杯清茗,沉浸在书中的世界;畅所欲言,碰撞出思维的火花……于是,一个个教育观点在争论中分享,一个个创意精彩跳出。于是,在下周的"相约左岸",大家又能够共同分享教育智慧。"左岸"自称,他们是一块方糖,放在咖啡里,增添的不只是滋味,更有芬芳。它体积虽不大,但是,如果把它放在咖啡或水里,等它融化时,整杯水、整杯咖啡都会变甜。在"相约左岸"这个平台上,处处能感受到他们思想的弥漫。他们打造的"聚焦""精彩推荐""精彩阅读""共同关注""课题在线"等一系列的活动,无不传递着他们的教育智慧与思想,同时也向每位教师传递着这样的信息:来吧,做个有思想、有个性的教师!

【陶继新】知识和智慧不在一个层面上,知识只关乎事物,智慧则可以反观人生。你如果有了知识,看见一块石头就是一块石头,一粒沙子就是一粒沙子。但是当你有了智慧之后,你就可以从一块石头里面发现一道风景,从一粒沙子里面发现灵魂所系。你们"左岸"工作室的教师,在拥有知识之后，也在生成智慧。

那么，智慧生成的要素有哪些呢？当然非止一端。从教师成长角度讲，至少有两条是不可缺少的。一是阅读积累，特别是经典文化的诵读积累。没有高层次的文化积淀，就很难生成智慧。因为这些经典文化，都是大师的作品，其中不但流泻着思想的要义，也摇曳着智慧的光华。不断诵读，就等于不断地听名家上课，不断地从他们身上汲取生命的智慧。久而久之，就会"化"成自己的智慧。同时，还需要智慧者与智慧者的思想碰撞。《学记》有言："独学而无友，则孤陋而寡闻。"其实，教师也需要"友"，通过"以文会友，以友辅仁"，提升人格品质，生成生命智慧。

【房彩霞】在营东小学，"做智慧型教师"一直是我的努力方向。"左岸"工作室的老师可谓先行者，他们在不断地学习积累与交流碰撞中日益成长。我一直以来都有着这样一个办学理想：让每位老师都觉得营东小学是个有吸引力的地方。我深知，具有吸引力，就要有思想，有智慧，有创意。要做到这一点，必须常规工作出创新，否则教育教学活动对师生来讲就没有了吸引力。"左岸"的先行，给老师们搭建了平台。最枯燥乏味的全体教师大会，也因为"相约左岸"燃起了大家的激情。

【陶继新】要让学校成为吸引教师的伊甸园，校长首先就应当是一位很有品位与魅力者。而您的人格魅力与优雅品位，对教师已经形成了一个磁场。他们会自觉不自觉地"择其善者而从之"。同时，您还将您的这种品格与气质扩而大之，让更多教师也更有品位与更加优雅。邓小平说："发展才是硬道理。"老师们在营市东街小学工作几年之后，不是在原地徘徊复徘徊，而是都有了不同程度的发展。"左岸"工作室的教师，则是教师团队发展的先行者，是群体的榜样。"星星之火，可以燎原。""左岸"的人员会增加，"左岸"之外的教师会自主地发展，营市东街小学也就有了蒸蒸日上的景象，也就有了名师辈出的土壤。于是，学校之于教师，就有了依恋感与归属感，当然也就有了人生的幸福。

【房彩霞】做一位"有品位与魅力"的校长是我的追求，虽不能至，心向往之。因为"左岸"，我真的也越来越感受到了校长工作艺术的重要性。其实，"左岸"也是我的一个平台！作为一名校长，让人生厌的管理说教总是难免的。然而，因为"左岸"，说教也变得生动起来，真的如此。当有老师无视学校纪律时，我会在"左岸"这一平台的"精彩推荐"栏目中推出《闲说权利文化》；当有老师自视过高时，我会推出《没有人不可以替代》；当有老师不思进取时，我会推荐《一个木匠的故事》。虽然仍含有说教的味道，但是因为换了一种形式，便多了几分委婉，几分含蓄，几分包容，几分人文。老师们的眼神告诉我，我说的，他们都懂。也许，在他们心目中，更喜欢这样的校长。

【陶继新】 思想与文化会让一个校长在教师中真正拥有话语权。因为思想与文化可以更好地走进教师的心里，达到"化"人的作用。权力也可以让校长具有话语权，可是，那是表面的，强制的，没有深入教师心里，它会随着权力的消亡而消亡，甚至权力在的时候也没有了力量。教师表面听从的背后，是心里的抵触，是内在的抗争。

认识您很多年了，特别是通过前些天对您的采访，我感到您是一位很有思想、文化与人文情怀的校长。您有自豪的资本，您也可以让教师对您唯命是从。可是，您没有坐拥这种资本，而是站到教师的立场上想事，考虑教师的心理感受，让您的思想与文化"润物细无声"地走进他们的心田，从而化您的思想为他们的思想，化您的言行为他们的言行。于是，您的话语也许少了，也许没有声嘶力竭，可是，它却有了无坚不摧的力量。

【房彩霞】 陶老师，您过奖了。虽然和您对话我一直很忐忑，但是最终还是鼓足勇气坐在电脑前，是因为一份对学习与提升的期待。我从事校长工作已有六年了，深知这一岗位对学校发展的重大作用，我一直非常认真尽职地做好"手电筒"工作，随时照亮应该照亮的地方。随着时间的推移，我发现，很多时候这个"手电筒"不能光让校长自己充当，如果校长一味把这一角色扮演下去，那是一种无助与无奈。我希望更多的人与我共同照亮营东校园的每一个角落，毕竟，我可以发出的只是一束光亮，您说呢？所以我希望更多的人能与我发出同样的声音，"左岸"即是！从某种意义上讲，"左岸"就是校长的智囊团。

【陶继新】 其实，我的话是从心里流出来的，对您，我真是太欣赏了！前些天在潍坊与省教科所的陈培瑞研究员又一次谈到您，感慨良多，认为只要有十分之一的校长能达到您的水平，中国的教育就会有一个极大的飞跃。

我相信，在您和"左岸"所精心营造的氛围中，营东小学的教师们一定能心领神会。"左岸"工作室，就有了很多束很有色彩的亮光，而且已经显现了奇特的色彩。我想，您的期待不会落空，未来的营市东街小学，一定会有更多的教师放射出令人神往的耀眼的光辉。

【房彩霞】 我想，营东小学的老师们，包括我在内，要想拥有自己职业生涯中的一份精彩，成为一个因为工作而美丽着的智慧型教师，很重要的一个前提就是要学会思考。有人曾经问过我这样一个问题：你是怎么想到在每周例会开设"相约左岸"这一栏目的？我当时有着这样一种思考：我觉得许多老师已经习惯了每天低头耕耘，而缺少了耕耘之后的"盘点"，更忽视了对"研究"二字的仔细"端详"。有句话说得好，"思考做正确的事"比"正确地做事"要重要得多，所以必须要让老师们学会思考。于是就有了每周一的"相约左岸"，其初衷就在于让老师们在潜心研究、悉心梳理的基础之上，利用这一平台，以全新的、轻松的形式，推介自己的思考，展示自己的精彩！

【陶继新】 孔子说："学而不思则罔，思而不学则殆。"波斯纳还总结了一条老师成长的公式——"经验＋反思"。看来，思考之于教师，真是太重要了。可是，很多教师正如您所言，恰恰缺少这一必需的过程。我在采访全国一些名师的时候就发现，他们不但讲得好，而且思得深。其中一个重要的呈现方式就是，他们写了大量的文章，还出了很多书。这些通过自己的"盘点"而"端详""研究"出来的文本，就因有了思想的渗入，有了一定的品位，不再是自己经验的平面呈示，而是有了立体的建构，进而形成了自己独有的东西。遗憾的是，不少校长对于这种思考的价值思之甚少，甚至对自己的经验也没有多少反思。所以，这样的校长多是在原地打转，教师也多是在"匠"的层次滑移。可是，校长与教师在一所学校工作若干年，如果没有很大的发展，既对不起自己，也对不起学生。因为一个发展缓慢或不发展的校长与教师，生命质量一定是低下的，学生发展潜力也很难得到有效的开发。

【房彩霞】三年来，很多不同学科的老师先后成为"精彩推荐"的主讲人，同为语文老师，在作文方面各有思考；同为美术老师，在艺术方面各有专攻；同为数学老师，在教学方面各有妙招；同为营东教师，却在不同领域演绎着各自的精彩。"精彩推荐"，推荐精彩。"左岸"给了老师一个小小的平台，老师们同样给了我们一个又一个惊喜。这份精彩的背后是老师们的思想在闪光，那是智慧的光芒。我会把这份精彩继续下去的，因为我知道长此以往，受益的不仅仅是老师，更有老师们每天面对的一批又一批的学生。

【陶继新】"精彩推荐"出来的主讲人，一定特别认真地准备，因为他们不想辜负大家的期望。这个准备过程，也是对自己的经验梳理总结乃至升华的过程，是一种深层次思考和创造性思考的结晶。同时，主讲也是一个难能可贵的展示自己的机会。主讲需要的不仅是思想与经验，还需要技巧与智慧，需要良好的口头表达能力。这又是一次难能可贵的锻炼机会。充分准备之后的主讲一定是精彩的，一定会得到老师们的称道。这在无形中会生成自信力，从而迁移到其他工作与生活中，从而变得自信与快乐。这种状态，还会在潜移默化中影响到学生。而听讲的教师在听到自己的同事有了如此精彩的主讲之后，也会生成跃跃欲试的讲课欲望。于是，人人都想争当主讲，人人都在准备，人人也都在成长。成长中的教师，必然带动成长中的学生。于是，学校就有了蒸蒸日上的气象。

【房彩霞】"成长中的教师,必然带动成长中的学生",的确如此!我校的曹丽娟老师曾经在该栏目中推荐了她的金点子——举一反三错题集。毕业的学生在和她交流时说过这样一句话:"初中生活有了疑惑的时候,所用的办法其实都是小学那些极不起眼的、被我们视为无所谓的小习惯。"这句话给我留下了深刻的印象。什么是教育?著名的教育家叶圣陶曾说过:"什么是教育?简单一句话,就是养成良好的习惯。"曾经有人说过这样一句话:"当学生将所学知识淡忘以后,留下的便是教育的痕迹了。"其实,我们现在所做的一切,都是在向着这一目标努力。因为我们深知:学生只有真正具备这些能力与习惯,我们的教育才真正满足了学生发展的需求!而善于思考、善于动脑的教师才能够帮助学生成长。去年,我校承办了山东省首批教学示范学校教育教学成果展示,在"相约左岸"的不同版块中,有近30名教师进行了现场交流与展示,在会议总结时,市教育局的一位领导给出了这样的评价:"今天,在营东小学打动我们的不仅仅是一个点,带给我们震撼的也不仅仅是哪一位老师,营东的教师团队给我们留下了深刻的印象。"那一刻,坐在台下的我深知:是"左岸"给老师们搭建了一个发展的平台。

【陶继新】学会与会学不一样,错了之后进行一般化的改正与"不贰过"也不在一个层面上。教学的上层境界,是学生自己会学,是错了"不贰过"。举一反三教学法,就是让学生自己会学且又"不贰过"的好方法。学会了这样的方法,不但会做某道题,会纠正某道题的错误,而且还会做类似的题,会纠正相似题的错误。这就是能力,就是习惯养成。而有了能力与良好的习惯,学习就会变得易如反掌。从这个意义上说,曹丽娟留给学生的是一生受用的能力与习惯。当然,你们学校还不止一个曹丽娟,还有一批这样的优秀教师,他们都在培养学生良好的习惯和能力。那么,全校学生就有了长足的发展。学生的发展,还会反作用于教师的发展。这种良性的发展,必然会给学校注入生生不息的生命动力。所以,你们近30位教师在山东省首批教学示范学校教育教学成果展示中才能个个精彩,令人赞叹不已,从而显现了你们学校整体发展的实力,昭示了营东小学名校的风采。

【房彩霞】"我们班的阅读银行""点出特色,评出精彩——优化习作评改方法谈""让单词动起来""小小日记本,循环出智慧""剪出精彩世界""回田习字教学"——这一个个"金点子"在帮助师生成长的同时,也再次印证了"左岸"的信念——只要用心去做,相信每个人都会变得更加精彩。"左岸"改变了很多人的思维方式——两点之间,可以有很多种连接方式,如何找到适合自己的,如何找到最高效简捷的办法,是我们今后做事的努力方向。我喜欢"左岸"很重要的原因之一,就是它的智慧!

【陶继新】是的,用心与不用心结果是绝对不一样的。而且,用心也反映了一个人对工作的一种态度,甚至显现出一个人的责任心。长期的用心,就会形成习惯,也会增强责任感。一个有责任感的教师,工作必然是认真的,效益必然是优质的。另外,能够找到适合自己的高效办法,是提高工作效率的捷径。《周易》有言:"易简而天下之理得矣。天下之理得,而成位乎其中矣。"世上有一个看不见的成功规则,就是"大道至简"。很多问题,在一般人看来,比较复杂与难以解决的时候,其实,它自有其内在的密码,如果能智慧地破解这个密码,解决问题就会变得非常简单。而您,正是让老师们去获取这个密码,从而让他们的人生变得更为简约与快乐。

三、"左岸"倾情浇灌"100 天盛开的花"

【房彩霞】也许正是因为用心去做了,所以今天的"左岸"才能让大家津津乐道。大家谈论到"左岸"的话题会有很多,但是肯定很多人都会不约而同地谈到 2008 年营东小学与原来的槐南小学合校后的那段日子,它记载着"左岸"与新校共同成长的一段历程。在我的记忆里,那段日子中的许多教育故事,几乎都有着"左岸"的印记。陶老师,您能想到在合校之初,在那段特殊的发展时期,"左岸"会肩负着什么样的使命与责任吗?

【陶继新】合校是一个复杂工程,由此而产生矛盾与出现问题者比比皆是。但据我了解,你们的合校非但波澜不惊,反而凝聚了人心。我想,作为校长,您一定起到了巨大的作用。在我的眼里,您没有解决不了的问题,而且往往是一边解决问题,一边享受破解问题的愉悦。这是您工作的艺术,也是智慧。可喜的是,您的这种艺术与智慧也在传播,特别是在"左岸"快速地传播着。于是,他们就有了这种艺术与智慧。可以想象,您的智囊团——"左岸"工作室，在这个合校过程中，也一定起到了很大的作用，这其中定然有很多精彩的故事。我愿意倾听这些故事，也愿意分享你们的成功。

【房彩霞】 谢谢您的盛赞，我并非如您所说的那样"没有解决不了的问题"，只不过是提前思考了一些我后来认为必须思考的问题。我深知，在合校之初，师生能否在最短的时间之内融合，教师能否尽快明晰学校发展的目标与方向，这对于营东小学今后的发展至关重要。我坚信这样一句话：伤神比费心、费力要麻烦得多！在合校第一年的管理中多动脑、多费心，学校以后的发展可能会顺利得多，反之则不然。所以，这300天里，我们做了许多，天天都在努力，在我的工作日志中，每天除了做好常规工作之外，几乎都会有一项或几项事情要做。在过去的300多天里，如您所言，"左岸"的故事精彩无限，的确留下了很多值得珍惜的回忆和令全体营东人感动的瞬间。我相信，每个经历过这一切的老师，都会用心去记忆这段时光，更会不经意地想起发生过的点点滴滴，这份情感如果给它取名，那么应该叫作"珍惜"。

【陶继新】 我听一些校长谈过合校的痛苦甚至失败的经历，原因之一，就是没能未雨绸缪。很多可能发生的事情，如果不预先想到，不预先想好解决这些问题的方略，出现问题是必然的。《学记》有言："禁于未发之谓豫。"你们的"豫"做得太好了！这不仅有谋略，也有责任意识。合校之中的"形合"是表面的，如果达不到"神合"的境界，就会出现貌合神离的境况，就会在以后的工作中埋下隐患，就会有接踵而至的一件又一件的"伤神"之事。而两个学校教师之间的貌合神离，必然严重影响到老师之间的团结，严重影响到教育教学工作。有的教师因神不安与心不顺就会反映到言行中，特别是折射到学生身上。不消多长时间，名校也会名存实亡。这方面的教训并非个案。有的名校在与一般或薄弱学校合并之后，带来了一系列的问题，结果原有的名校也"薄弱"起来了。你们学校是名校，槐南小学合到你们学校之后，也成了名校，他们的教师也因身在名校而有了自豪感。这不只是双赢，还是双方精神世界的飞跃与提升。

【房彩霞】 我还是挺幸运的，合校后的营东没有出现您所说的"貌合神离的境况"，所以没有"在以后的工作中埋下隐患"。在我们的见证中，营东小学在一天天变化着，营东的校园在改变，营东的学生在改变，我们大家也在改变！在那段日子里，有一种美，不说自明，我知道我们大家一直把它深藏在心底，那是一种和谐之美！这种美是"左岸"工作室的室主丁莉主任以及所有成员合力缔造的。为了能够让来自各个学校的教师尽快地了解彼此，加深感情，"左岸"工作室在全校开展了"我的小档案""闪亮登场""我眼中的她（他）""我爱我师"等一系列活动，通过自我介绍、同事互访、学生诉说等多个角度欣赏每位教师，寻找教师身上的闪光点，收到了很好的效果。在赠送给全校师生的合校纪念卡上，我在最上方首先写下的就是"合作"二字，真心祝愿这份美丽能够充盈在我们工作中的每一片空间！

【陶继新】 哲人言："和谐即美。"一所学校，没有了和谐，休说发展，就是维持现状都不可能。如何才能和谐呢？我认为，首先是校长要有一颗和美之心，要有一颗想让大家更加和谐的心。您的内在心灵是和美的，外化出来就是一种美。您不但没有歧视从外校来的教师，反而更加厚爱他们。这种心理的和谐之美，不是只靠言说才能拥有的，更多的是思想与行动。因为每个教师都是聪明的，他们会"听其言而观其行"。他们看到，您说的是和谐，思的是和谐，行的也是和谐。他们原来也许有些未必被接纳的心理阴云，很快就烟消云散了。取而代之的是，他们也自觉自愿地融入这个和谐的集体，也敬仰您这位和谐的校长。"左岸"呢，则是您的和谐之说与和谐之心的"推波助澜"者。他们对您的思想心领神会，而且是主动积极地工作，于是，就有了形成和谐场的创造性的工作。在某种程度上说，来自这个教师团队的和谐言行，有的时候还会起到校长难以起到的作用。看来，"合作"难，也不难，只要大家心往一处想，劲往一处使，就会变难为易，就会出现奇迹。

【房彩霞】 让老师们更加深刻地感受到这种和谐之美的，是谁也忘不了的那朵"100天盛开的花"。那是一个我永远也忘不了的清晨，在那天盛开了我与"左岸"秘密策划的"100天盛开的花"。清晨，老师们意外收到了一束迎着朝阳怒放的百合花，还有我写满祝福的贺卡。晚上，一个盛大的庆典再次带给大家一个惊喜，突然出现的大蛋糕把气氛推向了高潮。那天，老师们听着的是刘欢的那首《我和你》，看到的是"左岸"制作的大幅展板

《我和你》。精美的短片《100天，我们这样走过》把老师们带回到了过去的日子里。记得当时，我说了这样一段话："这100天，在营东小学的历史轨迹中实在算不了什么，但是对于今天的营东，对于今天的我们，这100天却显得十分重要！因为在这'100天盛开的花'里，有你有我，有我们大家每个人的笑靥！今天这句话我对老师说了一百多遍，虽然话语是重复的，但是由于面向的每个人不同，所以每句话也就有了不同的内涵！我是真心感谢在这100天里为营东的发展默默付出的每个人！"我看到了台下老师们晶莹的泪光。那一天，相信每位教师都会读懂《我和你》的展板中的那句话：我和你，无数的四季；手牵手，灌溉坚定的友谊！

【陶继新】"100天盛开的花"极富创意！其实，细细一想，是出人意料，却又在情理之中。这100天，有太多太多感人的故事，也有太多太多动人的乐章。它已经深深地镌刻在了每一人的心里，特别是镌刻在了您的心里。如何来更好地"纪念"它，就成了您与"左岸"思考的一个课题。我想，这肯定不是唯一的方案，一定还会有其他方案，也可能有与之同样精彩的方案，只是选取了这样一个而已。有心者，事竟成。达成和谐可成，"纪念"这个和谐也必然可成。有趣的是，你们用这种特殊方式，让所有教师都记住了这一天，都为拥有这一生命的节点而欣慰与幸福。所以，它虽然是合校的100天，又是彼此合作的又一个开端。因为有了合作和谐之心，就必然会结出合作和谐之花。我想，您与老师们付出得太多，也就有了更多的收获。生活与工作在这样的学校里，谁不感到美在其中，乐在其中呢？

【房彩霞】如您所言，用这样一种特殊的方式，真的是让老师们都记住了这一天，老师们不仅读懂了"100天盛开的花"，还回报给了我们一份惊

情暖校园

喜——一首自创小诗《百合花》：

　　琴韵悠扬，书声琅琅，

　　绿荫开阔，百合花悄悄地长；

　　淡淡的黄，浓浓的香，

　　师生的笑脸，沐着温暖的冬阳；

　　挚爱生根，责任成干，

　　枝枝叶叶相拥，营东百日花芬芳。

　　这首小诗是我校的于晓霞和吴春蓉两位老师在"100天盛开的花"结束活动之后，有感而发，激情创作的。每次吟诵，我都感慨万千。在营东小学一天天发展的同时，"左岸"也一天天成长。在那段特殊时期中，"左岸"在我心中留存的印象便是"和谐的化身"。

　　【陶继新】刘勰说："缀文者，情动而辞发。"没有和谐的心灵与真切的感受，就不可能创作出如此富有和谐之音的诗来。而且，这首诗不但写出了于晓霞和吴春蓉两位老师的心理感受，也写出了营东小学全体教师的心声。其实，这种和谐的乐章无处无时不在，只是表达的方式不同而已。一张笑脸，一个手势，一支歌曲，一次握手，都在弹奏着和谐之音，都在书写着新的诗篇。所以，您一直在称颂并感慨于"左岸"这个"和谐的化身"。其实，很多教师也在感慨于您在这100天里的巨大付出，有爱，有行，有言，也有结出的令人欣慰的硕果。

四、"左岸"用心书写"光阴的故事"

　　【房彩霞】老师们的情感互动，给了我和"左岸"莫大的鼓励，也点燃了我们的创作热情。于是在三年多的时间里，"左岸"带给了我们一个又一个温馨的故事。"左岸"留给我的故事真的太多了，深深地吸引、打动我的还有一段"光阴的故事"。如果说"100天盛开的花"留给我们的是一份和谐之美的话，那么"30年，激情燃烧的岁月"则让在场的每位老师都有了一份对幸福的守望。陶老师，在我没讲述这个故事之前，不知您能否想到这会是一种怎样的幸福？

　　【陶继新】房校长又在考我了，不过，我很愿意应考。我想，"30年"，对于一位教师来说，是很长的一段，也可能是最重要的一段。开始工作，一般都 20 多岁了，30 年之后，有的已经退休，有的则成了老教师。看来，这是专门为老教师设的项目。可是，老教师一般比较沉稳，缺少激情。看来，只有回忆过去，才能有"忆往昔峥嵘岁月稠"的无限感慨。不过，对于为何激情，何以激情，对我来说，还是一个谜，也是一个诱惑。所以，愿闻其详。

【房彩霞】恭喜您，答对了！如您所言，这是专门为老教师设的一个项目，这次创意活动的确激起老教师们曾经的热情与激情。2009 年 5 月 18 日，"左岸"工作室再次举行大型深入精彩传承活动——"30 年，激情燃烧的岁月……"，本次活动是为教育奉献毕生心血的一线老教师的精心之作。活动中制作的年度大片"与教育'结婚'三十年""三十年美丽人生""三十而乐"等五个篇章记录了五位老教师用汗水、心血浇灌出的丰收的喜悦。访谈中高潮迭起，与往日学生现场电话连线、昔日学生突然出现、师生深情拥抱……青年教师的一首《长大后我就成了你》让台上的老教师激动不已，您看像不像朱军主持的《艺术人生》？

【陶继新】这个项目太有创意了！不愧是"左岸"的"手笔"。就单看这五个篇章的题目，已是匠心独运了。如果让"左岸"为朱军主持的《艺术人生》设计栏目与题目，一定会让朱军及观众惊叹不已的。尽管我没在"30 年，激情燃烧的岁月……"现场，可是，通过您这么一说，一幅幅生动感人的画面已经在我的眼前浮现。如果我是一位老教师，并成为你们活动的主角，绝对会记忆终生，感动不已的。有些学校在着力培养青年教师的时候，冷落了那些曾经也是青年教师，为学校做出过贡献的老教师。他

情暖校园

们也许无怨无悔，可是，当下的校长心中会不会有愧疚之情呢？每一个人都需要关注，特别是那些现在已经退出"历史舞台"的人更是需要关注。而且，关注他们，更彰显出一个校长的人格与品质。我认为，能够关注与关心那些对自己当下作用不大的教师的校长，一定是一个有良知有道德者，是特别值得人们信赖与敬仰的领导。

【房彩霞】我和"左岸"之所以关注老教师，策划"30年，激情燃烧的岁月……"这样一次活动，是因为他们带给了我们一份幸福的守望。30年，与营东小学的教育事业相比并不算长，因为营东小学今后的路还很长很长；可是如果与一个生命相比，30年足足占了一个生命历程的1/3！他们就是这样用1/3的生命执着地守着心中那方小小的阵地。那是一种幸福的守望！在活动中，幸福的笑容经常写在他们的脸上，那是因为他们已经看到了一张又一张幸福的笑脸，他们用30年的时间为一批又一批的孩子们撑起了属于自己的那一片天！这对于年轻教师来说，是多么生动的教育啊！

【陶继新】我从来不无缘无故地夸奖人，既然夸奖，就一定是我特别欣赏的人了。

从您的这段文字中，流淌着您对这些老教师的一份真情意。古人说："文如其人。"从您的文中，透视出来的是您这个人的品格。这些老教师虽然拥有30年的"幸福守望"，可是，有的时候也会有寂寞，也会有慨叹。他们之中，有不少人是当年的精英人物，有的则是远近闻名的教师。可是，一年又一年的时光，洗刷去了他们的岁月，也冲洗掉了他们当年的光辉与亮色。揭开历史的帷幕，让大家再去看他们过去的光华，对于他们来说，该是何等的美好与幸福啊！而且，正如您所言，对于青年教师，也是生动的教育。他们从老教师身上，学到了兢兢业业的精神，学到了"劳而不伐，有功而不德"的人格之重。可以说，这是一堂极有意义的人生课啊！

【房彩霞】令他们再次激情燃烧的原因，可能就如您所言，揭开历史的帷幕，我们再次看到了他们过去的光华，这的确是他们一直期待的美好与幸福！坐在台下，在观看"与教育'结婚'三十年"时，我们清晰地记住了他们年轻时的那份美丽，也记住了他们在三尺讲台上的那份激情与投入。这种记忆已经很难抹去。虽然他们如今已不再年轻，但是他们仍然拥有一份美丽，那是岁月留给他们人生中更为珍贵的从容与淡定、静美与庄重！

而这是任何一位教师都要走过的生命历程，尽管今天的你依然年轻。

【陶继新】"与教育'结婚'三十年"很有诗意，很有品位，也是这些老教师与营东小学魂魄相系的形象记录。他们过去的美丽，如果只是独自欣赏，尽管也可以激起对过去的回忆，可是，当在校长的带领下，全校教师都在欣赏他们过去的美好时，就有了特殊的感受，因为营东小学没有忘记他们，他们生命中的美丽，不但用影像的方式留在了学校里，更深深地印在了全校教师的心里。当然，老师们对他们的深情，也深深地印到了他们的心里。这种感觉，会生成一种无形的力量，会成为学校发展的生命动力。

【房彩霞】您所言极是！在活动即将结束时，我说了这样一段话："今天，我们与他们共享'30年，激情燃烧的岁月'，共享他们成功的喜悦，共享他们对教育的执着，共享他们对学生的挚爱，共享他们对营东小学那一份深厚的情意！屈指算来，我也已经是一位与教育牵手近20年的老教师了，我们在座的每一个人，都会有自己的10年、20年、30年甚至40年，就让我们和他们一样，怀一份柔情，寄温情育桃李芬芳；怀一腔热情，展豪情描绘教育人生！让我们与他们共同守望心中那份作为教师所特有的幸福！"我想，此番话已经清晰地点明了这次活动的又一主题——薪火相传！让我们十分感动的是，莅临活动现场的张怡局长还为此次活动赋诗一首："从容淡泊三十年，桃李不言守杏坛，百年树人为菩萨，几多期许在青年。"他的美丽作结，给我们此次活动画了一个意味深长的省略号。

【陶继新】您的活动结束感言，会撞击在场的每一个人的心弦。因为您的话很真，很美，很有情，很有内涵。何止道出了这次会议的主题！还向大家传递一个感情信息——校长是多么爱以前的老教师，多么爱现在的青年教师，多么爱这所富有生机的学校。您的生命，已经与这些教师、这所学校紧紧地维系在一起了；而且，大家的心也紧紧地维系在一起了。所以，也感动了在场的张怡局长。没想到他会作出如此有情味的诗来。他是一位政府官员，可是，诗中却流动着一种淡泊宁静的心怀，这份心灵的安适，是极其可贵的。他对青年教师寄予了厚望，可是，如果心灵有了噪音，就不可能走远；如果没有"为菩萨"的无私之情，更不可能成就自己的人生，也不可能对教育做出更大的贡献。

情暖校园

【房彩霞】您的一番解读，让我加深了对这首小诗的感悟，真的很受益，我也一定会转达您对张怡局长的高度评价。谈到这里，我想您可能会和我有同感，很多时候，"左岸"留给我们的不仅仅是活动的现场，更多是激情过后对故事的品味，回味无穷——这也是我喜欢"左岸"的又一个原因。我常想，其实无论什么事情，当它有了深度与品位的时候，就很容易成为永久的记忆了。

【陶继新】尽管没有见过张怡局长，可是，他的教育情怀，以及非同一般的教育谋略，我已经不止一次听人谈过。我已经做好准备，9月份，将对他进行采访，作一个大型报道。

能在激情过后回味者，定然是有思想者。因为这个活动从设计到实施再到结束，不是图一时的热闹，也不是为了取悦老教师，而是为了在整个学校营造一个尊敬老教师、热爱学校的氛围，从而让大家感到献身教育，会使生命更有光彩与意义。所以，品味其中的内涵，就会有一种余味无穷的感觉。

五、"左岸"品营东之百味

【房彩霞】"会回味者，定然是有思想者"说得真好！营东小学一直希望老师能成为一个有思想的教书育人者，这也是"左岸"一直以来的工作目标。说到品味，就不得不提及"左岸"出品的《品·营》。《品·营》是学校的校刊。我为《品·营》写了这样一段创刊语：

也许在每个营东人的心中，学校早已成为了我们共同拥有的又一个家。因为一天中，大家有三分之一的时间在这里工作与生活，人生百味尽在其中。

持《品·营》一份，细细品味吧……

品味你我用时间与智慧研习着的工作中的精彩与甘甜；

品味你我用慧眼与心情领悟到的生活中的惬意与悠闲。

品味着营东，我们一路走过，虽然脚步匆匆，但却因为一个"品"字，让我们在摒去"劳累"二字之后，发现自己竟收获了许多……

言语之间，"品"的味道就在其中了。

【陶继新】《品·营》创刊语可"品"者有三。一是品工作之味。工作因精彩而在心中有了一份特别的甘甜之美，没有付出，哪有收获？没有收获，哪有这种美种心间的感觉？二是品生活之味。在很多人看来，教师拥有惬意与悠闲是不可能的，有的只是劳累与付出。可是，生命中少了惬意与悠闲，也就少了生命的真味，少了别样的精彩。三是品"劳累"之味。教师如果心里不安全，彼此矛盾与斗争，即使工作量很小，也会心累心烦甚至生气，也会感到特别痛苦。虽然你们的教师也累，可是，由于工作起来很舒心，自己的工作能够得到领导、同事和学生的认可，就感到工作得很有意义，正所谓"乐此不疲"者也。

【房彩霞】三种味道全都被您品全了！用您的话说"会品味者，定然是有思想者"了！一份小报，老师们真的品味颇多！"共同关注"新闻版："在我们的身边，每天都会有教育事件发生。说出我的观点，期待你的关注。"大家品读到的是学校发展的主旋律，是需要每个人都用心关注的大事要事；"前沿快递""课题在线""智慧采撷"教学版：大家品味到的则是来自身边的教学智慧，课堂改革的精彩纷呈；"班主任心情""Let's talk""学一招"育人版：老师们品味到的则是班主任工作的苦辣酸甜。

【陶继新】看了你们报纸设计的栏目，令我这个长期办报刊的人敬佩不已。报刊的品位高下，栏目优劣是一个关键。你们的这些栏目很有特色，没有思想与文化，没有对学校的整体深度把握，是不可能设计出来的。另

情暖校园

外，也反映了设计者的一种心境与境界。他们爱营东小学，他们爱这份刊物，爱在其中，当然也就特别用心了。品位与用心合二为一，就有了"共同关注"的特别精彩。

【房彩霞】您太谦虚了，您的水平大家是有目共睹的。如果我们在创刊之初便向您请教，相信《品·营》会带给大家更多的精彩，改天专程拜访，还望您不吝赐教，我和"左岸"将不胜感激。

【陶继新】一些在非市场经济下诞生的报刊，如果绝大多数领导与编辑没有市场意识，一味依靠行政干预力量的话，就会办得了无生气。其中一个重要的表现就是栏目的匠气与陈旧。您与"左岸"是一批生机盎然、没有框框的富有创意的青年人，所以，虽然办报办刊的经验少，反而从一开始就将报纸办得有声有色。

【房彩霞】您夸奖了，不过，也许就像您所说的，因为《品·营》的读者是我们自己，没有框框束缚，所以在策划中倒是多了几分自如。既然是"左岸"出品，自然少不了休闲与浪漫的味道。在《品·营》第四版"生活版"中，大家品味到的则是另一番情趣了。在"真水含香""诗意情怀"中我们可以品读到老师们的美文与小诗，这是于晓霞老师的一首小诗：

眠

挨着睡枕/听窗外的叶落/冬日/懒洋洋的/即便醒着/也严严地包裹/冬日/是睡的季节/做棕熊吧/或者/极不情愿地做蛇/隐没/任北风刮过/嘘——/别吵醒我/我真不愿做/疲倦的行者

读罢此诗的老师都说，一首小诗带给大家的是全身心的放松。而该版块的"图说营东""营东宝宝秀"也能够让老师们在工作之余开怀一笑。在老师们的心目中，除了智慧，除了品位，"左岸"还是教师快乐的缔造者。

【陶继新】于老师的小诗《眠》写得非常形象，让人不由得产生遐想，慵懒地睡觉，照样有诗的妙趣，依然有美的享受。其弦外之音是什么呢？长期生活在紧张工作之中的她，并没有失去快乐与审美的心情。即使睡眠，也有很美的情调。另一方面，也可以看出于老师是一位才女，不然，何以有如此的妙笔生花？何以用寥寥数语，就传神地写出彼时彼地那种特有神态与心境呢？

【房彩霞】于老师很有才思才情，她曾经笑称：此诗只赠与心灵相通者！您的解读应该最符合她当时的心境了，我想她一定会很想结识您的。于老师多次做客"左岸"，采访她时，她曾经说过这样一段话："可能由于忙碌，我们很难做到时间上的闲暇，但我们完全可以追求一种闲暇的心境，一种从容、淡定的内心状态，这样就可以让自己快乐起来。也要感谢'左岸'给了我这样一个平台，给我了工作中不可或缺的快乐心情。"

【陶继新】忙者，心死也。如何才能做到心活心乐心闲呢？我的经验是，不管工作多么紧张，心里一直是从容的。我经常外出采访与讲课等，偶尔会延误了乘机时间。可是，我没有急，因为我知道，我再急也没用；所以，那个时候，我不慌不忙地给订机票的地方打电话，让他们给我改签另一班机。这三年多来，我的讲课、听课、评课与采访的任务一直居高不下，每个月至少要有半个多月的时间奔波于外地，写作的任务也很重，每月至少要发表4万字以上的文章。是不是特别忙呢？行动上看是忙，可是，心里一点儿也不忙，是闲适，是快乐，是从容，是幸福。我觉得，您与"左岸"跟我的精神状态有点儿相似，忙而不乱，忙中有乐，一直诗意地生活在大地上。

【房彩霞】您的诗意栖居是我们一直向往的，不是自谦，我们还远远达不到您的境界，只能从心底里敬佩您。但是，我和"左岸"在一路成长中深深知道了，快乐对于一个忙碌的人来说有多么的重要。

《一面》是"左岸"后期又推出的一份杂志，比《品·营》又有了新的超越，手持第一期《一面》，让我们朝着诗意栖居的目标又迈进了一步。

【陶继新】是的，有快乐心境的人，不但自己生活与工作得快乐，还会将这种心境传递给与自己相关的人。您的优雅与"左岸"人的快乐，已经形成了一个场，并且不断地扩展，让营东小学更多的人也快乐起来。

情暖校园

六、"左岸"让快乐在创意中传递

【房彩霞】为了实现您刚才所说的"让营东小学更多的人也快乐起来","左岸"还在原有的成员中增加了一个席位"娱乐总监",由我校音乐教师钱蓬老师担当。于是"左岸"又有了一个个充满欢声笑语的故事。2010年元旦,左岸创办"甜甜蜜蜜又一年"元旦联欢会,全校师生欢聚一堂,每个节目"左岸"都添加了创意,用尽了心思,会场精彩纷呈,笑声不断。我曾经和"左岸"资深成员吴蓉老师谈到过这次活动,她的一句话至今令我记忆犹新:"这次活动就像是给老师们一年繁忙的工作扎了一个美丽的蝴蝶结。"是的,这个美丽的"蝴蝶结"不仅仅扎住了老师们一年的辛苦忙碌,同时也让每个人用开心的笑容迎来了新一年的开始,快乐地工作,快乐地生活。

【陶继新】学校不但要满足教师必要的物质需要,更要很好地满足教师的情感需求。老师们忙忙碌碌一年,很需要一些"间接刺激",很需要放松一下心灵,"给老师们一年的工作扎一个美丽的蝴蝶结"。"左岸"创办"甜甜蜜蜜又一年"元旦联欢会,就在某种程度上满足了教师的情感需求。那么,之所以整个庆祝会上笑声不断,除了极富创意的节目之外,另一个内在的原因就是,老师们紧张并快乐一年之后,也需要为自己庆祝一下。所以,我相信,那笑是发自内心的,是快乐情感的一种自然而然的释放。"左岸"的创意,正契合了这种"自然",从而让老师们真真正正地"美丽"了一番。

【房彩霞】是的,"左岸"也读懂了老师们的笑容。于是,又相继策划了"爱唱才会赢""非常知识竞赛"等一系列活动,"左岸"也在笑声的陪伴中,摇身变成了老师们的开心果。我深知,营东的老师任务重,压力大,让老师尽最大可能快乐起来——快乐工作,快乐生活,也是我们管理工作中的一个着力点。现在已有消息称,衡量一个国家成功与否的最佳指标应该是快乐指数,而不是GDP。我想,快乐指数对一个国家的发展都会有如此之大的作用,更何况对我们一所小小的学校呢?您说呢?

【陶继新】快乐不仅呈现于心理层面,也呈现于老师们的言行中。一个不快乐的人，不管如何努力，工作的效率一定是低下的。而且，这种不健康的情绪，还会在自觉与不自觉中传递给学生，从而让学生也少了快乐。而不快乐的学生，高效率的学习一定不会实现。更重要的是，小时候的长期不快乐，会积淀在他们的心里，从而形成一种忧郁的性格，进而跟随其一生，让人生变得很少快乐。所以，从学生的未来发展着想，老师们也要快乐。从这个意义上说，"左岸"可谓功德无量，是在为学生一生谋幸福啊！

【房彩霞】是的，有人说过这样一句话：教师的快乐是会传递的，同样，坏心情也会传染给学生。说到教师的快乐，往往就会提到职业倦怠。因为职业倦怠感的升级，才使得学校越来越关注教师工作的"快乐指数"。其实，不仅仅是教师，校长又何尝不是呢？有人说校长的日子是数着过的，不是因为美好，是出于无奈，你预想不到的事情随时可能发生，经常让你措手不及，这是责任带给校长的压力。校长的日子经常是忙碌的，疲于奔命，忙碌得让你忘记一切。对于这种说法，我是有同感的。我觉得，"左岸"让老师们快乐的同时，也带给我莫大的收获，对于这一点，可能是"左岸"自己都始料未及的。

【陶继新】有责任，才有压力。有的时候，压力也是一种好事，因为有压力，也会有动力。不过，有的时候，压力也会将校长压垮。所以，校长要学会自我调节心情。2015年11月，华东师范大学出版社出版了我与魏书生的对话集《种好心田——魏书生与陶继新的幸福教育》一书。在与他对话的时候，我感到，魏书生是一个很有责任心的人；同时，他又是一个始终快乐的人。因为他非常善于让快乐走进自己的心田，即使一般人认为的坏事，他也会将其转化成好事。这个转化，更多的是心理上的转化。其实，我觉得，您就是一个很会心理转化的校长。当然，"左岸"的积极快乐，也会传递给您，也让您更加快乐。其实，您想没想过，从深层谈，您的心灵是健康的，所以，他们的快乐传递，才会轻而易举地被您接纳。同时，您的快乐，也春风化雨般地走进了他们的心田。

【房彩霞】我觉得，你所提到的心理转化问题，对于我们做校长的来说，真的是太重要了。曾经多次聆听魏老师的报告，他的"松、静、匀、乐"给了我很多启示。如您所言，做校长的真的要修好心理学这门课程。

我很庆幸 2008 年拥有了"左岸",在"左岸"成立初期,我并没有预想到它会带给我们如此之多的收获,"左岸"改变了我的思维方式,创设了新的工作氛围,搭建起了多元化的管理平台。在"左岸"这个平台上,我是以不同的形象出现在大家面前的:在"共同关注"中,我正襟危坐,因为我传达的是学校办学的理念;在"爱唱才会赢——三八节庆祝会"上,我可以诙谐幽默,仿写扎西拉姆·多多的《你见或者不见》,逗大家一乐;而在咖啡屋里,我和"左岸"成员坐在一起,那是朋友之间的交谈。一路走来,我相信,人是要思变的,三年前的一个决定,收获如此之多。

【陶继新】这才是您,一个真实而又丰富的校长。由此可见,校长要学会给自己的角色定位。但这个角色不是一成不变的,要因势因时因地而变。变的目的,是让大家感觉您更像校长,也更像一个真善美的人。正是在这种变中,呈现了一个校长的品位与风度。看来,这个变是大有学问可讲的。有的校长也在变,可是,如果没有真与善,不管如何在技巧上玩花样,都不可能有美,也不可能为老师们接受。您的外在之美,已经融入到了真与善之中了。所以,不管如何变,实质之美没有变,变的只是形式而已。所以,您的变有"天然去雕饰"的从容与美丽,当然也就有了老师们对这种美的接纳与欣赏。

第一章 我与"左岸"的故事

七、"左岸"精英团队各有千秋

【房彩霞】陶老师，我们谈了这么多关于"左岸"工作室的话题，相信您一定很想认识一下我们"左岸"的每位成员吧？

【陶继新】当然喽！这也是我的期待啊！

【房彩霞】我选择让他们最后精彩亮相，是因为我觉得有了前面对"左岸"的认识，大家才会对他们有更加深刻的了解。

CEO：房彩霞，校长，有思想有深度，理性兼具感性，"左岸"之核心。

室长丁莉：数学教师，学校教科室主任。济南市名师人选，槐荫区名师，在数学方面有着自己的见解：散文化的课堂，数学文化蕴含其中。

首席资深教师吴蓉：语文教师，班主任工作已是墙内开花墙外香，先后多次受邀为济南市以及外地城市的班主任进行经验介绍，所带班级与她一样，腹有诗书气自华，深受学生、家长的喜爱。思考问题，运筹帷幄，有思想，有深度。

创意总监陈娜：语文骨干教师，年轻有思想，参加工作没几年，就已经走上全国语文课堂的舞台。课堂上激情四射，课堂下创意无限，且有着年轻教师少有的执着与认真。

Super Star 陈娟：英语骨干教师，年轻漂亮，干练，英语教学有着自己的独到之处，效率高，表现力超强，"左岸"形象大使。

郝团长郝延文：语文教师，级部组长，所带级部团结合作，朝气蓬勃，有超强的组织协调能力，做事雷厉风行，"左岸"之组织部长。

心理总监陈曦：语文教师，山东省唯一的一名小学心理骨干教师。擅长心理辅导，围绕学生开展一系列心理活动，团队辅导，亲子互动，生动有效。

娱乐总监钱蓬：音乐教师，有创意有热情，诙谐幽默，有感染力，擅长制造氛围，"左岸"开心果。

闪客马红梅：美术教师，擅长 Flash，在专业上善于钻研与学习，学校大活动之震撼的片头均出自她手。

情暖校园

文美双伟——张伟、张善伟两位老师：张伟，语文教师；张善伟，美术教师，两位教师言语不多，却出口成章，满腹才华。

阳光编辑尹张莉：语文教师，年轻新教师，文采好，有活力，温柔细腻。

陶老师，以后有时间我会把他们一一介绍给您的，他们都是非常优秀的教师。

【陶继新】就看这些"左岸"人的"职务"与特殊才能，就让人感到有一种"风光无限好"的况味。我突然有个想法，为了更好地继续下面的对话，我想申请参加一次你们"左岸"的活动。看看这些有志有才者，是如何在这个神奇的地方挥洒才思的。当然，这需要CEO的批准；同时，还要在我有时间的时候。我讲课与采访的预约已经基本安排满了，不过，对参加这样的高品位高享受的活动，我依然怀着极大的期待。

【房彩霞】求之不得，欢迎您做客"左岸"工作室。我们对"左岸"的评价已经很多了，我觉得，不妨听听置身其中的"左岸"成员他们自己对这个团队的解读吧。

陈娜："走入"左岸"，我们就成了一个团队，一起工作，一起欢笑；

马红梅："左岸"，就是一个平台，为每个有智慧的营东人搭建；

郝延文："左岸"，是一种工作状态，团结协作，精益求精；

陈娟："左岸"，还是一种生活状态，在忙碌中寻找闲暇，在闲暇中生长智慧；

尹张莉："左岸"，一个有花，有茶，有咖啡，有朋友的地方；

陈曦：在"左岸"，可以放松一下心情，寻找一份久违的浪漫；

吴蓉："左岸"，一个有故事，有交流，有碰撞的地方；

钱蓬:"左岸",一个可以激情四射,创意出百般欣喜的空间;

丁莉:欢迎走进"左岸",与我们一起分享,一起超越,一起相约"左岸"!

【陶继新】"左岸"人的解读不但有思想,也有文采,且各有千秋,还都有很高的品位。我想,你们相约"左岸",是一种幸福的相约。因为在这里,大家寻到了属于人的本质力量的东西,寻到了那份久违的幸福感。每个人不但诗意地活动在这里,也成长在这里。因为这是一支精锐"部队",人人身怀"绝技"。有人说,读万卷书,不如走万里路;走万里路,不如听高人语。你们个个都是高人,个个都有惊人之语。每个人都在释放智慧,每个人也都在聚集智慧。于是,也就有了更快的成长,也就有了更多的精彩。深深地祝福你们,相信在以后不长的时间里,你们又会创造出新的奇迹,会有更多的"左岸"人脱颖而出,不但成为营东小学的骄傲,也会成为槐荫区教育的骄傲,甚至成为济南市、山东省乃至全国教育的骄傲。我坚信,这一美丽的期盼不是梦想,现实将给我一个更大的惊喜的。

八、"左岸"心心相印惜惜相伴

【房彩霞】您的评价对"左岸"来说是莫大的鼓励。我常常沿着时间的轨迹,去回顾"左岸"走过的 900 多天,更准确地说,应该是我与"左岸"共同成长的 900 多天。有时候会突然冒出这样一个想法:作为学校的管理者,可能有很多工作终归是要做的,如果没有"左岸",是否还会拥有这样的心情?答案无疑是否定的。三年过后,在我心中"左岸"已经有了一个立体的构架,而不是一个平面体,它已经与学校的发展息息相关,已经与

情暖校园

我，与每位教师交织在了一起。我们需要严谨、需要智慧、需要激情、需要快乐、需要休闲、需要浪漫，所以，我需要"左岸"！营东小学需要"左岸"！

一个快乐的教育工作者要拥有两岸，河的右岸写着"严谨与智慧"，左岸写着"休闲与浪漫"，而中间流淌着的则是永不停歇的创业激情！如"左岸"工作室。陶老师，这样评价，不知当否？

【陶继新】您的评价何止正确，而且还特别富有诗意！因为您就在其中，没有谁比您了解"左岸"，"左岸"已经成了您心灵的栖息地，已经成了您思想的集散地，甚至可以说，它已经成了您的生命维系。因为它成长的快慢，与您的生命质量，与整个学校的发展速度已经息息相关。所以，营东小学需要"左岸"，"左岸"也需要营东小学。学校成了"左岸"人创业与创造的一方圣地，"左岸"则为这片圣地增添了持久不衰的精彩。身为学校的校长，兼任"左岸"的CEO，您该是何等的幸福啊！

【房彩霞】尊敬的陶老师，今天的对话，自始至终我都在激动与兴奋中，如我所期望的，和您对话，非常受益，谢谢！最后用"左岸"室主丁莉主任的一句话来作结吧：行有界而心无疆，相信"左岸"必将不断超越自己。

【陶继新】超越需要努力，也需要智慧，还需要心灵的安适。相信你们在超越中，一定会收获事业上的成功，且收获心灵上的丰盈的。

第二章 让学生成为校园内流动的文化

一、心怀责任 有心更要有行动

【房彩霞】 在谈这个话题之前,先讲述一段我自己真实的感受。2009年3月22日,我带领营东小学的部分师生,在经十路的一个十字路口举行"迎全运,文明践行我带头"的启动仪式。当时亲眼目睹的一幕让我终生难忘:我校的小交警和礼仪队队员们不停地向那些他们可以称之为叔叔、阿姨或爷爷、奶奶的人发放文明礼仪的宣传单,并劝阻他们要遵守交通规则。作为一个教育工作者,我当时感触颇多,相信这一情景对您一定也会有触动,对吗?

【陶继新】 德育工作不重在言,而重在行。《中庸》有言:"力行近乎仁。"你们学校的小学

情暖校园

生"行"得如此好,他们和过往行人的言行已经形成了鲜明的对比,足见德育已经"化"到了他们的心里。所以,但凡看到这一"风景线"者,都会赞叹不已。我虽然没在现场,可听您一说,也已经是感慨系之了。不过,在一些学校采访的时候,当谈到德育工作时,不少领导与教师往往有些难言之隐,认为这是一个难以解开的"方程"。你们做得如此之好,让很多人感到惊奇。房校长,可否谈谈你们的思考与做法,以给其他学校的德育工作一个有益的启示。

【房彩霞】如您所言,德育工作落到实处的确很难,我们也一直在探索中前行。刚才的场景中那些成人的表现,可能会让许多教育工作者汗颜,这也许在某种程度上可以理解为教育的失败,我这样理解不知是否正确。不过,这也更加说明学校德育工作的重要性了。

【陶继新】德育之重要,包括一些行为习惯,几乎人人都知道,可是,知与行是两回事。所以,孔子重行,王阳明与陶行知提倡知行合一。那么,怎样才能让师生知而又行呢?那就是要内化,不化到心里,是不可能落实到行动上的。所以,要让德育的"知"根植到师生的心里,进而变成习以为常的行动。这样,才是真正意义上的德育。

【房彩霞】您所言极是!正是由于知行不统一,我们才看到了以上所谈及的一幕幕,这是一个普遍存在的社会问题。我想,就我个人和我们一所学校而言,面对这些社会问题,可能我们无力改变多少。但是,当我们仅仅面对自己,面对2400余名学生,面对我校小小的一方校园时,我们有许多事情可以做。作为一个教育工作者,我相信:只要心怀一份责任,就一定能打造一方文明。

【陶继新】有责任感,才有相应的思考与行动。您无力改变大的社会环境,"非不为也,势不能也";可改变学校这个小环境,优化师生的行为习惯,则是可以为之的。当然,做这些工作是很费时费力的。可是,责任在肩,就有了任重而道远的使命感,加之持之以恒的努力,以及特殊的智慧与谋略,打造一方文明也就有了可能。

【房彩霞】启动仪式结束之后,在第二天的升旗仪式上,我对全校学生说了这样一番话:"同学们,作为你们母校的老师,我最大的期望就是等你们长大成人,步入社会之后,不再需要像你们这么大的孩子来告诉你们

'红灯停、绿灯行'这样最基本的行为准则。我和营东所有的老师也将会为此而努力……"站在主席台上,看着台下那一张张稚嫩的小脸,我由衷地希望他们能够铭记这句话。

【陶继新】"红灯停、绿灯行"确实是一个基本的行为准则,可是,在当今的大街上,依然可以常常看到"红灯行"者,其中还不乏受过高等教育者。这里面有一个问题,那就是规则意识。规则不是写在纸上贴在墙上的,也不是说在口上的,而应当是铭刻在心里的,且一以贯之成为习惯的。学校,就要从小培养孩子遵守规则、敬畏规则的意识。这虽是区区小事,可是,正是在这些小事中,才有了文明的一步步演进,才有了人类的不断进步。

【房彩霞】为了让更多类似"红灯停、绿灯行"这样的区区小事落实到学生的行动中,为了真正落实知行合一,在营东小学"行为规范养成教育"启动仪式上,我校的大队辅导员赵青老师在大屏幕上打出了一个标志。这个标志是第16届亚运会志愿者的标志:"有心,更有行动",我校将此变成了学生行为规范养成教育的目标——"有心,但是更要有行动"。

【陶继新】行为规范养成教育,知虽然重要,而行才是关键。而且,不是一次两次的行就能形成习惯的,需要无数次才行,甚至还会有反复。在这个过程中,老师要有耐心,要有恒心,要有信心。而习惯一旦形成,就有了相对的稳定性,甚至有了终生不变的持久性。习惯养成还需要一个场,当绝大多数的学生有了良好的行为规范习惯后,个别有点问题的学生也会逐渐地"学而时习之",也会加入到这个遵规守纪的行列中来。

【房彩霞】刚才您提及不少领导与教师谈到德育工作时,往往有着难言

情暖校园

之隐,认为这是一个难以解开的"方程"。"德育工作是虚的",可能这是很多人对于德育工作的理解。其实不然,我们不能就德育工作去提德育工作,它需要很多的载体:需要多元课程的依托,需要真情实感的触动,需要教育情境的创设,需要量身定做的评价……当有了这些载体与依托的时候,如果再形成全员育人的教育合力,德育工作就实实在在地在学生的身边了。

【陶继新】有的人之所以认为"德育工作是虚的",既是一个认识上的误区,更是没有深入研究德育工作的结果。做好任何一件事情,都不是一蹴而就的;做好德育工作,尤其不易。不能异想天开的想象,而要基于问题进行研究;不能遇到困难就裹足不前,而是即便遭遇挫折仍然一往无前;不能无视个体的差异,而要认真分析每个学生的情况而后因材施教;不因善小而不为,不因恶小而为之。你们学校的德育工作之所以做得这么好,不正是经历了一个"积土成山,风雨兴焉;积水成渊,蛟龙生焉;积善成德,而神明自得,圣心备焉"的过程吗?

二、多元课程　润物细无声

【房彩霞】虽然我校的德育工作还未达到您所言的境界,但是,在"积土成山""积善成德"的过程中,我却深刻地感受到了德育工作点点滴滴地就在身边。只要用心,所有的课程资源都是学生行为规范养成教育的依托。一首儿歌,一方环境,一件小事儿,都可能成为我们生动的课程,有形的,或无痕的……

【陶继新】您谈到了德育工作的两个要点:一是从小事细事做起,正如老子所言:"天下大事,必作于细;天下难事,必做于易。"这些小事看起来小,其实都不小,甚至很大。二是具有"无痕"的特点,德育工作,有些需要有形的教育,而更多的,则是在"随风潜入夜,润物细无声"中进行的。而且,愈是"无痕"与"无声",愈是能够走进学生的心里,愈是有着持久的能量与效益。

【房彩霞】"润物细无声",吾心向往之。例如我校课前课后的小儿歌,早在多年以前,我校就用精心编写的小儿歌取代了上下课的铃声,其中很多内容都是新课改中对学生提出的要求。比如这首课前小儿歌:"课上也要讲礼貌，你的帮助少不了，同学答错你别笑，给予帮助最重要，别人回答你倾听，若不完整你补充，齐心协力把课上，我们的课堂才叫棒。"有了这首小儿歌，老师们还用把"请同学们认真倾听、勇于发言、互相协作"这些话再挂在嘴边吗？

【陶继新】课前儿歌编得好！课堂上良好习惯的养成至关重要。同学回答问题出了错，其他同学发笑者并不少见；可是，这笑里就多了几分嘲弄，少了几分友善。别人回答问题时不认真倾听，非但从中学不到东西，也不可能更好地予以补充，也是对别人的不尊重。齐心协力有合作共赢的美德，课堂上养成合作的习惯之后，这种意志品质还会延伸到其他方面，以至于向更长的时间延伸；而会合作者，也多能得到别人的帮助，当然也就容易取得成功了。

【房彩霞】这样的小儿歌还有很多，有课上的，有课间的，有上学的、放学的……例如："课间要有好心情，教室里面应安静，不小心伤着你，一声对不起，送上没关系。"再如："出校门不拥挤，放学路队有秩序，家长接送指定地，告诉父母别忘记。"日复一日，年复一年，多年的聆听让行为规范由目标转化为行动，我想，真正有实效的教育就应该体现在学生生活的每时每刻中！济南市教育局王春光副局长曾言：什么是行为？它贵在永恒！

【陶继新】这其中有礼貌用语，也是良好习惯。同学之间，出现一点问题，而双方"对不起"与"没关系"的话语回应，非但不会产生矛盾，还会增加友情，更会因对方有礼貌而心情愉快。类似的话，不是说一次两次就完了的，而是要经常说，进而形成习惯。同时，还不只是说到口头上，还要做到言与心合，即不是敷衍，而是真诚相待。《中庸》有言："诚者，天之道也；诚之者，人之道也。"因为有了诚意，也才能抵达修身的境界。

【房彩霞】陶老师，您知道吗，在我校刚刚使用这些小儿歌时，曾经有人说过这样一句话，"这不过是一个形式罢了"。我想，在使用初期，它或许还是个形式，但当儿歌的内容最终落实到学生的身上成为行动时，它就不仅仅是形式，而是课程了。如今，在我的眼中，学生们所聆听的早已不再仅仅是儿歌了，它们是学生们每天不可或缺的课程，是与他们生活学习紧密相关的课程。

【陶继新】孔子说:"文质彬彬,然后君子。"看来,内容重要,形式也重要,二者缺一不可。况且,这些儿歌不但内容美,形式也好啊!其实,现在的很多礼仪都是因为形式好而产生了特殊作用的。毕业典礼就是一种很好的形式,不然,它就很难在学生的心里留下终生难忘的印象。文质兼美的儿歌创作走进学生心里与行动中后,也就形成了一种特殊的课程文化。而文化,则是可以以文"化"人的。

【房彩霞】我觉得很多时候,创新就是在坚守原有正确做法的基础上,形式上的思变与革新,常换常新,对于这些年龄段的学生们来说尤为重要,既易于接受,又容易留下终生难忘的印象。而我校的小儿歌,之所以会产生教育实效,或许就是这一缘故吧。

【陶继新】坚守与思变同样重要。有些东西是不能创新的,比如魏书生的教育之道,几十年不变,在他看来,民主与科学是制胜之道,不可变也。可以说,属于道的东西,大多是不能随意改变的。不然,就不是道了。同时,也是不可以离开的,"可离,非道也"。形式是可以变的,变的目的,是为了让道更好地生根,比如为了让良好的习惯更好地根植在学生的心里,进而形成终生不变的品质,就应当在形式上不断地创新,从而让学生更好地接受与更好地实践。

【房彩霞】为达到更好的教育效果,几年来,在坚守的同时,我校的小儿歌也随着我们教育着力点的不同不断更新,它和我们的学生们在一同变化着。天天聆听的小儿歌还带给我这样一个启示:教育要产生实效,必须要做到一点——让教育天天都在身边发生。就如我们的课程!我想,一旦有了这样一种课程意识,我们就会欣喜地发现,在我们的校园里,到处是育人的课程资源。

【陶继新】孩子的心是纯净的,最易于"近朱者赤,近墨者黑",所以,要用"朱"的颜色去染他们,也就是您所说的:"让教育天天都在身边发生。"久而久之,就会"绘事后素",形成良好的品质与习惯。于是,也就有了处处皆课程,处处均育人的景观。

【房彩霞】的确,隐性课程对于育人太重要了!例如学生们天天生活的校园环境。熟悉营东小学的人都知道,我们一直在追求"精而美的无纸屑校园",我常说这样一句话:"我校的环境,皆为营东学生而造!"十几年前的亲身感受，让我深知环境对于一个人的影响。

十几年前我去过一次大连。当时，我曾经有过这样一个举动：我拿着一根冰糕棍，走了很远，直到找到一个垃圾箱后才把它扔掉。陶老师，我说这个事例，并不是想要表达我的素质有多高，而是因为大连广场真的是太干净了，我真的不忍心往地下扔垃圾。当时我就想，如果换成一个遍地垃圾的环境，我可能顺手就把它扔在那儿了，因为我觉得环境已然这样了，也不在乎多一根冰糕棍，这就是环境对人的影响！

【陶继新】环境建设是学校文化建设的要件之一，它以显性的"面目"呈示在人们面前，从而让人产生或爱或恶或恨的感觉。而长期的环境熏陶，则会对身在其中的师生形成影响。所以，不要小看了"精而美的无纸屑校园"这一追求。从显性层面看，学校卫生了。而深入探究，便发现其内在的原因是你们的师生有了干净爱美之心。无需专门的号召，一旦有纸屑出现在校园，见者就会主动拾起。维护学校干净之美，已经深深地烙到了师生的心里，更变成了一种自觉自愿的行动。其实，这也是一种心灵美的呈现啊！如果不爱这个校园，如果对环境好坏全然不顾，就不会有人人都已习惯了的行动。愈是这样，校园愈是干净；愈是干净，师生愈是更好地维护它。于是，就有了营东小学无纸屑的净洁之美，也就有了营东小学师生的心灵之美。

【房彩霞】为此，营东一直在打造精而美的无纸屑校园，我由衷地希望地毯式的绿茵地面上能够始终保持洁净，也希望这样的环境传递给学生们这样一个信息：请随时注意自己的文明礼仪！弯下腰，你捡起的是垃圾；直起腰，你树立的是风尚！当然了，陶老师，我不敢保证您走进我们的校园会看不到一张纸屑，呵呵，但我们一直在努力。我觉得，孩子就是孩子，需要给他们一个成长的时间与空间，营东的学生真的在一天天变化着。我常想，只要学生们一天比一天好，那就是我们教育的成功！您说对吗？

【陶继新】您说得真好！孩子毕竟是孩子，有点小的问题，当在情理之中。只要他们不是在原地徘徊复徘徊，不是倒退，而是在一天一天地成长，当然就是教育的成功了。而且，保持环境美不但与文明礼仪行动有着内在的联系，还会影响到人的心境。身处一个乱七八糟的环境里，心情多会由"晴"转"阴"，甚至还会随波逐流，也不再追求环境美了；相反，身处一个干干净净的地方，心情多会明丽起来，以至于自己也文明起来。心绪是会蔓延的，不好的心境，学习都会受到影响；好的心境，学习起来大多效率较高，也会越来越文明起来。

【房彩霞】正因为如此，所以，我一直希望营东小学的角角落落都能镌刻着文明与品味。陶老师，我记不太清了，您到过我校的"文化一条街"吗？

【陶继新】抱歉，当时没有去看你们学校的"文化一条街"。不过，从您到老师，到学生，再到目之所及的学校环境，到处都是文化啊！到处都有品位啊！

【房彩霞】那改天我一定请您看看！"文化一条街"是我校开设特色课程的场所。漫步地下文化长廊，放眼望去，乐陶陶、墨香阁、民乐坊、彩绘轩、纸艺坊、舞韵……一个个专用教室依次进入到视线中，一样剪纸字样的风格，一样简洁流畅的字迹，一样红红火火的热情，一样古色古香的韵味，一样细致精美的设计，这里是对全校学生最具吸引力的地方。我知道，这种课程文化，它传递给学生的一定是美感与创意，与浓浓的艺术气息。

第二章　让学生成为校园内流动的文化

【陶继新】这些特色课程不属于考试范围的课程，但却是学生最爱的课程。学生各有特长，大一统的课程，难以满足他们的需求。你们则为他们提供了展示才能、挥洒天性的可能。这需要"支出"一些时间，可是，也会"收入"一些"利润"。当学生们乐在其中，且有了突出表现，受到人们赞扬的时候，心里会特别的快乐。这种快乐，又会让他们更加喜欢这些课程，并让学生们感到童年的美丽。童年的这种美感体验，对其一生的成长，都会起着潜移默化的"杠杆"作用。

【房彩霞】是的，这些课程本身与置身于这些课程文化之中的收获，在经过学生的内化以后，一定能够影响学生的行为，提升学生的品质。最终外显出来的，一定就是素质了。有人说环境文化对人的影响可能见效很慢，这点我承认，但是它的变化是确确实实发生了。

【陶继新】为什么称之为课程文化？就是师生有了更强的课程意识，并有了相对可靠的课程实施时间，特别是有了在这些课程开设后的学生乃至包括教师的变化。因为这些课程大多不是从其他地方"拿来"的，而是自己创建的。教师甚至有些学生，因课程的创设而对其有了特殊的感情，且因这些课程的实施有了修养与文化上的提升。校本课程的这种能量，不但提升了学校的知名度，也提升了全体师生的品位。

三、真情触动　来自身边的感动

【房彩霞】"课程意识"对于学校师生发展的确十分重要，就德育这项工作而言，则显得尤为重要。如上述所言，有了课程意识，我们才会发现校园里隐性的课程资源，德育工作才有了依托，教育也就实实在在地发生了。要做好德育工作，除了多元课程的依托，更需要真情实感的触动。我始终认为，感动是德育工作的催化剂！陶老师，对于这句话，您怎么看？

【陶继新】写文章需要情，所以，就有了"情动而辞发"的经典文学评论之语；德育也是一样，没有情的参与，大多很难达到理想的境界。而这个情，必须真，任何表演性的情，都会被具有"火眼金睛"的小孩子戳穿。况且，没有真感情者，也不可能做好德育工作。《大学》说得好："意诚而后心正，心正而后身修。"而且，"自天子以至于庶人，壹是皆以修身为本。"本立才能道生，道生才能从根本上做好德育工作。

【房彩霞】"没有情的参与，大多很难达到理想的境界"，您说得太好了！有人说，没有触动情感的教育一定是无效的，我相信。所以在很早以前，我校总会组织全校学生收看"感动中国十大人物"颁奖实况，期望借此形式，带给学生心灵的震撼。然而，在两年前，我们有了新的改变，营东有了自己的"感动明星"！在过去两年多的日子里，每周的升旗仪式已经成为了营东2400余名师生的期待，那是一份对真善美的期待。我校每周的升旗仪式上都会有一个固定版块——感动瞬间，在这个时段内总会表彰一位或者几位"感动明星"，而这些"感动明星"都来自我们身边。

【陶继新】榜样的力量是无穷的，况且，这些榜样就来自于身边。他们所做的感人事迹，更真实，更感人，也更易于让大家"择其善者而从之"。学校要想鼓舞师生的士气，就要树立正气；用表彰"感动明星"的举措，当是树立正气的有效选择。正气文化一旦形成，就会在校园里形成一种风尚，师生就会更加主动地走向真善美，学校也就有了发展的内在动力。

【房彩霞】是的，来自身边的感动才更加真实！为此，我们一直坚持推出"身边的感动"。营东小学的每位老师每周都有两张小笑脸儿，在一周内发送给身边表现突出的学生，事迹突出的学生则有机会成为"感动明星"。一张张阳光灿烂的小笑脸儿，让营东校园里突然多了许多双欣赏发现美的眼睛，当我们轻轻弯下腰把"不同的笑脸奖给不同的你"这句话连同小笑脸儿一起奖给学生时，我们竟意想不到地收获了无数的感动……

【陶继新】学生获得"感动明星"称号，当是一种极大的荣誉，会在心里积淀很久的自豪与骄傲。其他同学在羡慕之时，也会生成争当"感动明星"的心理趋向。而要想成为"感动明星"，就要做出感动大家的事情。于是，就有了更多向善向美的行动。一个人的进步，莫大于行动了。在行动中感受做好事的快乐，在行动中收获到大家认可的自信。当更多的学生都在如此想如此做的时候，也就会形成一种良好的校风，也就会有更多的学生更好地成长。

【房彩霞】正如您所言，在过去一年多的日子里，我们几乎天天都被学生们感动着，一张张"小笑脸"让一位又一位"感动明星"涌现在我们的身边。既然如此，我们又怎么会吝啬自己欣赏的目光与赞赏的话语？于是，营东所有的老师都在用心发现着身边的真善美。真的不知道，我们身边还会有多少感动？所以我说，升旗仪式的"感动瞬间"真的已经成为了我们一份美丽的期待！

【陶继新】伟大的艺术家罗丹说："美是到处都有的，对于我们的眼睛，不是缺少美，而是缺少发现。"更何况你们学校到处都有美，您与老师们又善于发现学生之美呢！在欣赏美的时候，心里也多能生成一种美的感觉；

情暖校园

而被欣赏的时候，心里则会生成一种"更上一层楼"的积极心理。群体的这种心理状态，会凝聚成一种正向能量，会对身在其中的人辐射积极思想，并让大家感到工作、学习与生活的幸福。

【房彩霞】我忘不了营东小学的第一位"感动明星"——李小燕，她是无意中闯入我校大队辅导员赵青老师的镜头中的。大队辅导员赵青老师当时本想拍摄一些刚刚入校的一年级学生课间打闹的镜头，在全体教师会上放给老师们看，以便于一年级的学生尽快形成良好的行为规范。但是没想到的事情发生了，李晓燕同学闯到了镜头当中，并以一个大姐姐的身份对低年级的学生进行教育。镜头中，认真与责任清晰地写在她的脸上，我真的被感动了。于是，我校在集体收看了中央电视台的《开学第一课》之后，播放了这段录像，并对其进行了表彰，李小燕成为了我校的第一位"感动明星"。

【陶继新】李小燕成为了你们学校第一位"感动明星"是偶然的，又是必然的。她在做这些事的时候，并没想到要感动大家，也没有想到这是做什么好事，而是觉得事情本该如此。正是因为这样，才更加感人。为什么会有李小燕的出现？为什么陆续出现一个又一个的"感动明星"？"冰冻三尺，非一日之寒"，因为你们学校长期且有效的德育，已经开始以不同的形式展现出来。非有意为之，而是如"清水出芙蓉"般"道法自然"。我想，作为校长，您一定会为此感到特别自豪的。即使是学校之外的旁观者，看到学生们在学校里这么快乐地成长着，也会情不自禁地生成一种欣慰感的。

【房彩霞】说实话，陶老师，那一刻我真的为拥有这样的学生而自豪和骄傲呢！对于李小燕，我给出了这样的颁奖词："在今天我们全校学生集体收看的中央电视台播出的《开学第一课》中，有许多让我们感动的英雄：杨利伟、李连杰、残疾钢琴家王伟……但是最感动我的，却是我们身边的这位英雄，她就是五年级一班的李小燕，她用实际行动给我们全校师生上了生动的开学第一课……"

【陶继新】非被真感动不可能有如此朴实而又真诚的颁奖词的！我甚至都感到，那一刻，您的眼里已经贮满了泪水，心里则盛满了无限的幸福。一个那么挚爱学生的校长，看到学生竟然如此成长起来了，能不感动吗？其实，被感动的还不只您一人，还有所有的教师与学生。是的，李小燕确实为师生上了一堂生动的"开学第一课",只不过她没有用语言去讲,但在"讷于言而敏于行"中,展现了一个用心爱这所学校,爱小弟弟小妹妹的美德。这样的课,有了"此地无声胜有声"的特殊效果,为营东小学弹奏了一曲真善美的乐章。

【房彩霞】不瞒您说,为她颁奖时我真的哽咽了。李小燕打动我的恰恰就是您所说的"非有意为之"。一个小小的举动,却流露出一份对学校的喜爱,对同伴的关爱。这样的例子真的太多太多,又如杨文捷美。

这个学生是我早晨值勤的时候无意中发现的,她有一个好听的名字,叫杨文捷美,是一个六年级的学生。那天早晨她也值勤,她专注地观察着每个从她身边经过的学生,只要看到谁的服装穿得不整齐,红领巾戴得不规范,小黄帽戴得不端正,她就过去帮他认真地整理好,那天早晨她重复了无数遍这个动作。站在一旁默默观察的我又被感动了,我是一个很容易被感动的人,呵呵。于是,我把一张"小笑脸"奖给了她,并给出了这样的颁奖词:"也许在杨文捷美的眼中,她自己的行为太普通了,是任何一个六年级的学生都应该做的,但打动我们的恰恰就是这一点。她自己并不知道,在那个清晨,她就像一朵美丽的花儿绽放在上学路队当中,如她的名字一样……"

【陶继新】杨文捷美值勤所做的事情并非什么大事,甚至可以说是分内之事,可是,她为什么那么感动人呢?因为从她的行为中,看到了一个营东小学生的责任感。有的人,甚至有的老师,分内之事尽心了吗?责任心在跳跃了吗?杨文捷美尽心了。她也如李小燕一样,自然地去做,认为本应如此。如果为了获得学校领导和老师表扬而去做,做虽做了,但是却不能打动人,也是不美的,因为"善行无辙迹"。如果每一个学生都能像她那样认真负责,我们期待的学生生命成长不就成为现实了吗?

但是,有的人看到这些事情未必能像您那样的感动。为什么呢?因为

情暖校园

您心里有一个期盼，那就是希望营东的学生成长得越快越好。所以，他们只要有一点点进步，做一点点好事，都会深深地走进您的心里，并令您感动不已。一个校长能有这种情怀，当是全体师生之福！因为有无使命感，有无对学生的真感情，当是检验一个校长是优是劣的试金石。

【房彩霞】谢谢您的盛赞。不过，我觉得置身其中，不被学生们打动真的很难。就像您说的，有时候为师者都未必能践行，所以，被感动也就理所当然了。说到"感动明星"，我总会提到一个叫李婧丽的小女孩儿，她一周之内连续给了我两次感动。第一次是一个周一的下午，她手里拿着一条美国白蛾的幼虫来到我办公室，着急地告诉我："校长，东院发现美国白蛾了，你得抓紧时间想办法了！"说这番话时，她一脸的认真劲儿。接下来正好是每周一的全体老师例会，听了这件事情，老师们都被她强烈的环保意识和主人翁精神深深地感动了。第二天的中午，在校园里我又遇到了她，她正在为一个受伤的小树枝包扎，我看到她找了一些泥巴糊在这个断裂的小树枝的接口上，然后用绳子把它绑好。看着她专注地为受伤的小树枝包扎的样子，又有谁能不被感动呢？当她被推荐为"感动明星"时，我给出了这样的颁奖词："草木有情，也许那根小树枝最终将会枯死，但它一定不会忘记身边这位叫李婧丽的小女孩儿，为挽救它的生命曾经付出的努力……"

【陶继新】李婧丽的行为确实感人！环保意识，能够如此深地走进这样一个小孩子的心灵，真的太可贵了！尽管现在有了不少环保方面的宣传，可是，真正能像李婧丽这样关注环保者，依然是"几希矣"。而且，她是那么认真，那么执着，那么着急。从这件事上，也让我感到你们整个学校环保宣传工作做得何等深入人心！环保问题，是一个世界性的话题，人类在关注自身发展的时候，如果漠视它，人类自身也就会受到相应的惩罚。从这个意义上说，这个小女孩能不着急吗？这令很多大人汗颜，也给人留下无限的思考。同时，从这个小孩子身上，还透视出另外一种美德，那就是同情心。她那么专注地为受伤的小树枝包扎。在她看来，树枝也是生命，它的受伤，理应得到作为万物之灵长的人类的关怀。一个人有没有同情心是特别重要的，如果从小对受伤的生命不管不问，甚至以虐待动物和破坏植物为乐的话，就有可能从小滋生一种残忍和残暴之心，进而也会虐待自己的同类。而从小有了善待动物与植物之心，进而则有了爱人之心、同情之心，就会在心里生成一种美好的情感，就有可能成为一个真善美的人。

【房彩霞】是啊，在无数个"感动明星"面前，我也无数次汗颜，学生真的是我们学习的榜样！除了"感动明星"个人，我们还推出了"感动团队""感动班级""感动级部"。"感动团队"的评选让学生们知道了"只有共赢，才能实现新的超越"，"感动班级"的评选让学生们懂得了"一枝独秀不是春，百花齐放春满园"。对于"感动级部"，我们则给出了这样的评价："齐心协力是我们彼此的默契，顽强拼搏是我们永恒的信念，永争第一是我们不变的追求！"单看这些评价，我想这本身就是对学生们的教育啊。

【陶继新】"感动团队""感动班级""感动级部"所表彰的是群体，它会增强师生的合作意识。《周易》有言："二人同心，其利断金；同心之言，其臭如兰。"合作意识的增强，让更多的人同心同德，也更能做出一番大的事业。中国人有一个劣根性，往往允许不认识的人、远方的人升官、发财、出名，就是不容许自己一个单位的人，特别是一个办公室里的人发达起来。所以，有的人单打独斗可以成功，而一旦团队作战，则多以失败告终。从这意义上说，在学校里通过表彰团队所做出的贡献，来增强师生的合作意识，当是一个特别明智的选择。在这些奖励中，彼此之间的是非少了，凝聚力强了，于是，教师的教育教学工作也就做得更好了，学生的互助与学习也就更好了；更重要的是，师生更和谐了，也更幸福了。

【房彩霞】的确，"感动明星""感动团队""感动班级""感动级部"的评比让营东的校园更文明了，更向善了，也更和谐了。近两年的时间，我们到底推出了多少令人感动的事迹，我自己都记不得了，实在是太多了。如果让我讲，一天一夜可能也说不完。综观这些"感动明星"，他们的事迹并不惊天动地，就是发生在我们身边的点滴小事，然而就是这些身边的小事却带给了我们心灵深处的震撼！我想，一个人良好的行为习惯不恰恰就是这些点滴小事的积累与升华吗？

【陶继新】正是这些点滴小事，才更让人感动，也更易于培养良好的行为习惯。学生的良好习惯养成了，德育的主要任务也就完成了。学生的很多行为，并非思想道德出格，而是行为习惯问题。可见，如果从小养不成良好的习惯，伴随这些不良习惯，不好的思想与道德问题，就有可能乘虚而入；相反，如果从小养成良好的习惯，长大之后，也能多抵制一些不健康思想的侵蚀。高楼大厦需从底层盖起，一个人要想走向更好的前程，也需要在孩提时段奠基。而有了良好的习惯，则是人生成长的最好的奠基工程。

四、量身定做　将优秀品质具体化

【房彩霞】说实话，起初我也没有想到一张"小笑脸"会带给学生们这么大的变化，会对我校学生的行为规范养成教育起到这样显著的促进与推动作用。如今，一张张"小笑脸"和一个个"感动明星"已经成为了营东小学的特色，在我区已经是家喻户晓了。那么，它们的作用到底在哪儿呢？我想，它就是一种量身定做的评价方式！

【陶继新】没有评价的德育是很难产生效果的，量身定做的评价方式则会收获始料不及的成果。因为每一个个体都是独特的，用同一把尺子评价所有的学生，无异于让高矮胖瘦不同的人穿同一尺码的衣服。看来，德育工作难，也不难，只要用心去做，用智慧去做，就会变难为易，就会让学生真正成长起来。

【房彩霞】的确如您所言，量身定做的评价会收获始料不及的效果。这是因为，这种量身定做的"小笑脸"将许多优秀品质在这些优秀的学生身上具体化了，让所有的学生知道了什么是责任，什么是集体荣誉感，什么是爱校如家，什么是团结协作，什么是知行合一……

在走廊内，学生们一抬头就能看到学校为"感动明星"制作的展牌，教育就这样无时无刻不在发生着。

情暖校园

【陶继新】一些德育评价之所以效用不大，一个重要原因，就是评价的泛化与雷同，从而造成被评价者难以"对号入座"，让评价意义消减。而量身定做则于评价具有了个性化与针对性，让评价者与被评价者心服口服，从而达到了评价的目的。而且，量身定做还会让更多特色各异的被评价者获得荣誉，甚至于人人都有可能成为获奖者。这样，就调动了几乎全体学生的积极性，让评价彰显出无穷的魅力。

【房彩霞】的确，好的评价方式会让人变得越来越优秀。之所以有人认为"德育工作是虚的"，我想，可能就是因为泛化与雷同，了无新意的方法让教育仅仅落实到了"知"，而未体现在"行"上吧。而当我们凭借量身定做的评价方式，将这些优秀学生身上的优秀品质彰显的时候，由"知"到"行"，也就水到渠成了，德育工作也就实实在在地看得见、听得到了。

【陶继新】不但要"行"，而且要持之以恒地"行"。大凡形成一种良好的习惯与优秀的品质，都是需要一个比较长的过程的。在这个过程中，常常会出现一些问题，甚至还会品尝失败的苦果。如果这个时候停止不"行"了，就会前功尽弃。相反，如果矢志不移，失败了总结教训，继续而"行"，就会最终走向成功的辉煌殿堂。而且，由此还会生成一种积极的心理能量：再难的问题，也没有解决不了的；每一个学生，都是通过教育可以健康成长的。

【房彩霞】我校持之以恒地推出身边的感动，正是在持之以恒地推动全校学生的"行"。有了身边的"感动"，也就有了"行"的榜样。说到"责任"，学生就会想起他们熟悉的名字；说到"爱校如家"，他们则会想到领奖台上一个个熟悉的身影；说到"团结协作"，他们则会想到付传平老师的六年级七班……我看到的也不再是"感动明星"孤单的身影，在他们的身后，我分明感受到了全校学生行走的力量！从这一意义上讲，量身定做的"小笑脸"激励引导的还仅仅是一名学生、一个团队、一个集体、一个级部吗？它营造的是一个崇尚真善美的大环境，营东的校园由此而改变！

【陶继新】优质的学校人文环境，是可以改变人的；反之，人也是可以改变环境的。当环境越来越好，人越来越好的时候，这种相互的作用力也就越大，且会形成一股巨大的生命合力。这里的合力还不只是两种力量简单的相加，而是有了更强的力量。这就是文化，人在其中，会被这种优质的学校文化改变；而且，人又进一步地优化着这种学校文化。

五、温暖故事　成为抹不去的记忆

【房彩霞】是的，这就是文化，学生身上彰显的就是我们学校的文化！为了营造这样的文化氛围，为了表彰先进，为了让更多的人受到感染，2011年的"六一"儿童节，我校举行了"讲一个温暖的故事给你听——感动营东十大少年评选活动"。我们遴选了部分"感动明星"作为候选人，印制了数千份大幅选票，在学生中间以及学校周边地区发放，槐荫区区委杨峰书记也为我们投上了一票！

【陶继新】"感动营东十大少年"的评选活动，是对长期以来"感动明星"活动的一个升华。它让这个活动有了一个更好的展示平台，也让这个活动有了一种隆重的仪式。它不只是让评选得中者感到自豪，更让全体师生看到真善美在这里的延伸。积极能量是可以传播的，传播之后的能量是可以增强的，增强之后的能量是可以更好地促进学校发展的。而学生，则会因在这里学习与生活，留下美好的童年记忆，并会继续延伸其未来的生命前程。

【房彩霞】在选票的首页，我写了这样一段校长寄语："我们一直相信，来自身边的感动才是最真实的。所以，我们一直在发现，发现身边的感动。我们深知，学校每推出一位'感动明星'，就是推出一种行为，推介一种品质。于是，我们推出了一位又一位'感动明星'。也许，在您的心中，他们的事迹并不惊天动地，不过是一些点滴小事。但是，一个人的良好习惯，高尚品质不正是这些点滴小事的

情暖校园

积累与升华吗？我坚信，只要坚持'不因善小而不为'，我们就有可能成为一个感动他人的人！"

【陶继新】"推介一种品质"说得好！评选"感动明星"的目的，不只是让这样的明星脱颖而出，也是更好地传播这些明星的品质，让更多的学生也拥有这样的品质。那么，这种品质为什么会有如此之大的力量呢？因为这些明星就在他们身边，其言其行就在学生的视野之内，真实而鲜活，有着极强的说服力。而且，其他同学要想获得"感动明星"的称号并不像"蜀道难，难于上青天"一样，而是只要努力，就可以抵达这一境界。所以，它更容易调动更多学生的积极性，也更容易让他们走向成功的彼岸，并进而享受获取荣誉的特殊愉悦。

【房彩霞】那天的颁奖仪式，感动萦绕全场，很多家长、嘉宾都被学生们的行为深深打动，在颁奖时与学生相拥而泣，我相信，他们是发自肺腑的！与"感动中国十大人物"相比，虽然他们的故事并不惊天动地，但是他们带给我们的却是别样的感动！这是因为学生们小小的年纪便有了一份责任，有了一份担当，有了一颗爱的种子在他们幼小的心灵中一天天成长！

【陶继新】"相拥而泣"，是感动于心的外化形态。孩子是不会伪装的，大人在这个时候也不会伪装，因为真情永远是眼泪的源泉。而且，这种感动的泪水不是流完就完了，它会在人们的心里积淀成一种品质，一种向往。一个人有责任，有担当，有行动，就有收获，就会受到尊重，就会赢得荣誉，更重要的是，就能更好地成长。

【房彩霞】那天的颁奖仪式，我们大家在泪光中记住了他们事迹的同时，更记住了他们的品质："坚强乐观、责任、志愿者、兄妹情、真情、孝道、友情、伴爱成长、平凡博爱、相亲相爱一家人"这是我们组委会对"十大少年"给出的十个关键词。我们学校的大队辅导员赵青老师以及组委会成员"情动而辞发",为每个获奖者都写出了精彩的颁奖词:

凌晨五点刚打完吊瓶,八点,他就精神抖擞地站在了主持台上,背后是已经烧到39摄氏度的体温。没有谁会去责备一个因病缺席的孩子,但他却说:"学校选择了我,我就要负起这份责任!"没有人知道这份责任对于他有多重,但他的言行却让我们记住了一个坚强的小男子汉——李嘉晟。记住李嘉晟,我们也记住了"责任"。

友情,是困难中的光明,因为有你们,摔折的手臂不再成为上学的阻碍;同伴,是困境中的守护,因为你们,受伤的迷茫不再在心头徘徊。因为有你们,八双热情小手的紧握,才有了一个也不少的欢声笑语;因为有你们,八张热情的笑脸,才有了颗颗紧紧相连的心;因为有你们,八颗火热的心,友谊成了我们童年最闪耀的亮丽。谢谢你们,带给我们的一次次感动,带给我们又一次面对纯净童心的洗礼,给我们坚持友爱、坚持团结、坚持给予的动力,谢谢你们,三年级四班的——兄妹小队!记住兄妹小队,我们也记住了"友情"。

我们常看到她,每日笑靥如花,把笑声留在了校园的每一个角落,我们常看到她,忙前忙后,把方便留在每一个人的心中;我们没有想到,她还是过敏性紫癜的患者,疼痛,瘙痒是纠缠她的恶魔;我们没有想到,她在家与学校之间还经常要去的是——医院。病痛没有在她的脸上留下痕迹,药物的副作用没有阻止她上学的脚步,她用乐观好学的坚强与瘦弱坚定的身影为我们构建了一种别样的感动——赵妍。记住赵妍,我们也记住了"坚强乐观"这些优秀的品质!

……

【陶继新】看到这些

情暖校园

文字，让我突然想到一句话："榜样的力量是无穷的！"这些孩子，为什么能够忍受痛苦？甚至以苦为乐？因为他们感到自身的生命价值，是与班级、学校的发展联系在一起的。因为他们的出现，也就会更加感动所有在场的人。这与他们以前"感动明星"的事迹同样富有价值，甚至具有更大的生命张力。一个人具备优秀的品质，不是只表现在那一两件事上，而是表现在各个方面。而这些品质的形成，又是在各个方面锤炼而成的。习惯养成也好，品质锻造也好，都要经历时间的考验，都要坚持不懈，这样，才能真正"始于足下"，进而"行之千里"。

【房彩霞】"榜样的力量是无穷的"，我相信！我也相信在这些品质的感染下，营东一定会出现第二个"兄妹小队"，第二个李嘉晟……那天，我是真的被打动了，陶老师，我相信孩子们一定也打动了您，即便是在我们对话的过程中，我都没能抑制住我的感动。在颁奖典礼上，我曾经动情地说了这样一番话："在每一位'感动明星'的背后，都有着一个温暖的故事。今天，就让我们讲述一个个温暖的故事给你听。如果这些故事也打动了你，那么请你将他们记在心里，并讲给你周围的人听。知道吗？其实成长就是事件的堆积，而故事最容易成为抹不去的记忆。记在心里，你沉淀下来的便是美德；讲给别人听，你传播的则是文明；如果在以后的日子里，你能将这份文明落实在行动中，那么在下一个温暖的故事中，你就有可能成为主人公——这也正是我将此次评选活动起名为'讲一个温暖的故事给你听'的初衷。"

【陶继新】您好动感情，是因为您被这些孩子们真正感动了。而且，一个人如果对任何事情都无动于衷，特别是都冷漠的话，那将是非常可怕的。校长如此而为，就更加可怕。因为当你因美好品质而感动的时候，说明你的心与这些品质是维系在一起的。相反，如果听到或看到一些动人的美好行为而毫无感动之情的话，说明你与这些美好品质没有任何联系。你们学校的师生为什么做了这么多的好事，又具有这么好的品质呢？毫无疑问，与您这位校长是分不开的。因为您本人就拥有美好的品质，您本人就一心为了学校的发展，您本人就是一位感情丰富的人。校长对于全校师生的影响有显性的，也有隐性的，但影响之巨是显而易见的。您就是一个风向标，您走向真善美，师生也会走向真善美。所以，不单单是师生感动了您，也是您感动了师生。我想,您就是一位"感动明星",而且有着更多感人的故事,也有着更大的辐射作用。正是这种交互的感动,才有了营东小学独特的感人风景。

六、创设情境"制造"教育事件

【房彩霞】谢谢陶老师授予我"感动明星"的称号,而且不惜笔墨给出了这么长的一段颁奖词,以后我会讲更多的故事给您听,呵呵。真的,成长就是事件的堆积,而故事最容易成为抹不去的记忆。我觉得,在事件中成长,是教育引导做人很重要的方式之一,我校举办的"讲一个温暖的故事给你听——感动营东十大少年评选活动",应该会成为学生们心中留存的一段记忆吧。我一直认为这是学生成长的需要,因为,教育本身就是一系列事件的融合,也是学校最普遍的课程资源。所以,我校还经常创设教育情境,自己"制造"一些教育事件呢,效果很好。

【陶继新】您荣获"感动明星"称号当之无愧,且有着无人超越的高度。一所学校,为什么会有这样的活动?为什么一直坚持进行?为什么进行得有声有色?为什么产生这么大的影响?原因固然很多,而校长的有思想、有责任、有作为,当是一个极其重要的原因。所以,这项活动不但留在了学生的记忆长河里,也镌刻到了您的心里。更重要的是,这个活动会在营东小学史的史册中留下浓墨重彩的一笔,作为一种特别的精神资本,成为营东小学永远的骄傲。

【房彩霞】陶老师又夸我了。为了继续赢得"感动明星"的称号,我就继续讲述我们"制造"的教育事件。记得,有一天下着小雨,我和几位老师正在校门口值勤,我们当时突发奇想:在这样的雨天,学生们拿着伞又提着水壶,这种情况下他们见到废纸还能弯腰捡起来吗?于是,我们决定做个测试,顺手往地下扔了几个矿泉水瓶子和几个纸团。在我们的期待中,几个学生陆续进入到了镜头当中。我们把他们捡拾垃圾的镜头抓拍了下来,并把这些照片制作成了展板,摆放在学校的门口。我现在还清晰地记得,当时那几个学生被我们叫过来时,一脸无辜地解释"垃圾不是我扔的",呵呵,他们哪里知道这是我们有心制造的一个教育事件呢?

情暖校园

【陶继新】这个教育事件制造得好！它说明你们学生良好的行为习惯已经养成。虽然是有意制造的事件，可是，您一定为自己的"创意"而自得，更为由此发生的事情而高兴。看来，习惯一旦养成，就有了相对的稳定性与持久性。美德如斯，您这位校长的教育管理工作就会轻松很多。人言"无为而治"是管理的至高境界；可是，真正抵达这个境界者真是少之又少。我还不能说您在这个境界里自由地游弋，但我却可以说，您距离这个境界已经不太遥远。真正意义上的学校文化，不是靠校长管出来的，更不是校长盯出来的，而是靠全校师生的自觉自愿且自主管理而打造出来的。您，不正一直在打造着这样的学校文化吗？

【房彩霞】为了达到您所说的"无为而治"这一管理的至高境界，我们一直在努力。我校的大队部开展了一系列这样的活动，我们把它叫做"有奖照镜子"。我们精心创设教育情境，用心观察学生的表现，在测试中合格的学生，将会得到学校的小礼物。当然，礼物是次要的，但是，对于这些学生的正确行为给予及时的肯定却是十分必要的。您说呢？

【陶继新】持续的正面肯定，会在学生心里形成一种积极的心理认可，并会形成一种良好的习惯。开始的时候，学生会为获得这种小礼物而高兴，久而久之，就会视自己的良好行为为自然。这个时候，奖励已不是激发其上进的主要动力，而在心理深层与实际行动中形成的正面能量则起了主导作用。有了这一能量，学生不但会当下表现很好，这种表现还会持续，乃至在一生中延续。从这个意义上说，你们的"有奖照镜子"活动，对学生而言，是利在当下、功在未来啊！

【房彩霞】我常想，我校所制造的一系列教育事件，以及这种持续的"利在当下、功在未来"的正面肯定，其实就是在引导学生不停地做着内容不一样的"选择题"，并在反复选择中不断强化正确的行为，最终形成良好的行为习惯。

【陶继新】"选择题"之说很有创意！反复地做同一件事情，当然可以形成习惯；而持续不断地做内容不一、形式各异的"选择题"，在学生习惯形成过程中有意制造一些假象或者迷惑，而学生通过破除假象与迷惑，则会让习惯根深蒂固地扎根于自己的心理与行为之中。

七、改换视角　社会问题校园化

【房彩霞】对于学校在校园内有意制造的一些假象或者迷惑，可能对学生来说做出正确的选择不是太难，但是面对社会上错综复杂的问题，让他们给出一个正确答案就有些难度了。所以，我校在精心设计校园内一系列教育事件的同时，也不会放过任何一个教育事件，包括社会上发生的一些事情，否则，很有可能就会错失一个育人的良机！所以，很多社会问题也成了我们讨论的话题。

【陶继新】学生不但在学校接受教育，在家庭与社会上也在有意无意地接受着教育。所以，您将教育事件的制造向社会延伸，虽然有一定的难度，可是，对于学生更好地成长，作用大矣！有的时候，学校教育费了九牛二虎之力，结果走到社会上，很快便前功尽弃。其中的原因非止一端，而与在学校里没有关注社会上发生的事件也不无关系。而且，如果将学校教育与社会教育联系起来，其作用还不只是两者的相加，还会产生大于二者相加之和的奇迹。

【房彩霞】在平时的工作中，我校将许多社会问题引入校园，改换视角，将其变为校园内的教育资源，引发学生思考。在学生眼中，对于他们这样小小的年纪，可能会觉得社会离他们还很遥远，其实不然。例如前段时间发生的"小悦悦事件"，类似这样的事情，在生活中其实我们每个人都

情暖校园

会有可能遇到。某一天，当我们真的面对"小丽丽"或"小军军"时，我们又该做出怎样的选择？于是，在"小悦悦事件"发生不久，我校大队辅导员赵青老师就在接下来的升旗仪式上把这一问题抛给了全校学生。如何选择？我看到了，他们都在思考……

【陶继新】学生年龄小，比较单纯，所以，最易于教育，也最易于受污染。而社会现实，又是那么的复杂而多变。如果不让他们认识社会，辨别孰是孰非，一旦步入社会，就有可能迷失方向，甚至做出令人心痛的事来。所以，学校就要针对学生的这种特点，进行多方面的教育，让他们面对纷繁的社会现象，学会思考，学会选择。学生是单纯的，可是，他们接受能力强，通过有的放矢的教育，他们就能够更快更好地成长起来。

【房彩霞】为此我校一直在让学生思考。再如，在日本发生大地震后，我校的辅导员又在第一时间内向学生播放了《震后的震惊》这段录像。看到震后的日本依然秩序井然，全校学生都受到了教育。这样做并非是推崇日本的文化，只是他们震后的表现确实让我们看到了自身的差距。在我区的德育工作会议上，我交流过这样的感受："我曾经在一个十字路口，亲眼目睹了过往行人在一场突然降临的小雨中是如何无视交通规则的。真的不知道，如果地震来临，我们所看到的会是怎样的情景？难道这些不该让校园内的学生们去思考吗……"这真的是一个值得每个公民深思的问题。

【陶继新】需要我们学习的，就要学习。日本地震、海啸和核泄露集于一体，在一般人看来，他们一定是乱作一团了。可是，日本人所表现出来的镇静、互助，太令人吃惊了，所以，有人说，日本人给全世界上了一课。我们为什么不能学习？您说得对，设若中国出现这样的情况，局面绝对不是这个样子。看来，提升国人的素养，当是中国发展的一个大课题。国民素养怎样提高？就要从小抓起。日本小学的良好习惯教育、礼仪教育等，让我们中国的中小学教育汗颜。我们的德育，好多是假大空的，没有多大实效的。你们学校能够在这方面下大工夫，而且已经收获了成效，的确难能可贵。

【房彩霞】我校之所以选择这样的方式开展德育工作，是基于这样一种思考。陶老师，如您以前所了解的，我是主张教育应该是行走在共性与个性之间的。教育的确需要个性，但是，在办学过程中，还有我们所不能摒弃的共同的育人目标：教学生学会做人，做文明人，做对社会有用的人。因为教育本身就是一个儿童"社会化"的过程，要求我们关注学生遵守社会规范的能力，使他们能适应社会，成为一个合格的公民。所以我认为，作为学校，将社会问题校园化是十分必要的！

【陶继新】对于学生来说，学会做人是共同的要求，当然，每一个个体，在如何做人方面，是不可能完全一样的。个性需要发展，共性也不能忽视。看来，您所说的社会问题校园化是一个很好的办法。让学生感到，不管是在学校，还是在社会上，都要做一个优秀的少年儿童。"优秀"的标准尽管有不同的说法，可是，要有道德、守纪律，养成良好习惯当是不容置疑的。比如说守纪律，不是说在学校里守纪律就是好学生了，还要在社会上守纪律，特别是在没有其他人在场的时候守纪律。不管到了什么地方，都有一个道德纪律底线，这样，成为一个合格公民，就不再是一种幻想了。

八、全员育人　人人充当"手电筒"

【房彩霞】作为一名教育工作者，我深知，要让每个学生都能够成为一名合格公民，这真的是一个大工程，它需要我们每个人都付出努力。陶老师，我记得曾经和您交流过关于"手电筒"的问题，有人说过这样一句话："'手电筒'不能老由校长来充当，照到哪里哪里亮。"的确，校长的"手电筒"只有一束光，他能照到的也只是学校的一个角落。不过，总是要有人来充当"手电筒"的，那么，到底该由谁来充当呢？在营东小学，我们人人都当"手电筒"：教职工要全员参与，学生间相互监督，家校心心相印。我想，也只有这样，我们才能照亮一方文明。

【陶继新】人人都当"手电筒"就不只是一束光，而是可以照亮整个校园。光照校园当是很多人的期盼，但真正形成这样一种景观并非易事。作为校长，不但要率先垂范，不但要凝聚人心，还要让每一个人都愿意手持"手电筒"照光。这需要的不只是智慧与方略，还有一个思想观念与心胸问题。您虽然是一位女性，但是，您心胸开阔，且能唯才是举，甚至非才也要发挥其作用。所以，就有了这么多的人和这么多的光。正是在这种光照下，你们的学生看到的是光明，而不是黑暗。而且，这光不只是照亮了学生的当下之路，还照亮了学生的未来前程。

【房彩霞】您的夸奖真的让我不敢当。在营东小学，发出"光束"的人确实很多，我想这应该是一份共同的责任使然！这让我十分感动。陶老师，您可能会想不到，在营东小学，登上"感动瞬间"平台为学生们颁奖的，不仅仅有我们的老师，我们还时常能够看到学校的保安师傅、绿化工人、保洁阿姨的身影，他们同样也有育人的职责，他们也都有着一双欣赏发现学生们带来的感动的眼睛。在营东小学，育人已经成为我们每个人的职责！

【陶继新】人人都有责任感的时候，学校工作就会变得相对简约；相反，人人都有抵触情绪的时候，学校工作就会变得相对棘手。在采访个别校长的时候，往往听到这样的话语："我们这个学校的老师太难管了！"这话里就透视出一个理念，校长是在管老师，管得不好，老师不听，校长生气。其实，如果换一个思路，如您一样，觉得每一个教师甚至其他工作人员都是学校教育的有生力量，都是校长的得力助手，是校长的好朋友。有了这种思考，行动之中就会与教师心心相连。于是，教师那里就会产生"反作用力"，就会主动分担校长的责任，就会积极为学校发展尽力。这样的话，教师就不再是"太难管了"，而是太助力了。大家齐心合力共同做好教育工作的时

第二章　让学生成为校园内流动的文化

候,学校工作自然而然地就走向了一个高层境界。

【房彩霞】陶老师,听您这么一说,我觉得作为校长我还是挺幸福的,呵呵。其实啊,替我分担责任的,不仅仅有老师,还有我们两千多名学生呢。我越来越深刻地感觉到,学生的成长,他律很重要,但是,学生的自我管理与相互监督更加重要,这不仅仅是德育工作。所以,我校每个班都有自己的"文明监督岗"。各班"文明监督岗"的标志在我校的走廊上随处可见。每节课的课间,学生都会按时到岗,督促同学们规范自己的言行。我想,长此以往,即便学生不到岗,学生们看到文明岗上类似"不拥不挤、爱人爱己""捡起一张废纸,留下一份洁净"这样的提示语,也知道自己该怎样做了。

【陶继新】您当然很幸福了,不然,为什么几乎天天灿烂地笑着?

您说到了一个关键性的问题,学生的自我管理。不要认为学生小,其实,他们自我管理的能力非常强。有的学校的学生之所以显现不出这种能力,是因为教师越俎代庖,剥夺了学生的自我管理能力。相反,在教师的引导与指导下,学生如果有了自我管理的能力,学校管理就会变得易如反掌。学生自我管理能力的形成,不论是对其良好行为习惯的形成,还是学习成绩的提升,都会起到巨大的作用。而且,这种能力还会"潜伏"在他们的思维深层,长大之后,一有机会,就会爆发出来,形成一种积极的力量。从这个意义上说,学生自我管理的培养,也是为其一生生命成长奠基。

【房彩霞】陶老师,真的很佩服您,作为教育专家,您看问题总是一语中的!为了不断提升学生自我管理能力,激发这一积极的力量,我校大队辅导员还在4—6年级学生中开展了"大眼睛在发现"的活动,这一活动不仅仅是学生之间相互规范彼此的行为,在细心观察的基础之上,还可以为学校的文明建设献计献策。看了学生们上交的"大眼睛在发现"登记表,我真的被感动了。在登记表中,类似"同学们,如果你们在校园中看到有开胶的文明提示语,请把它们粘好,如果实在粘不住,请及时报告大队部"的建议与倡议很多,在感动的同时,我也很为我的学生们自豪!

【陶继新】学生的力量是无穷的,充分发挥他们的作用,当会有始料不及的惊喜。如果只是将学生视作被管理的对象,甚至批评教育的对象,内蕴于他们身上的这种能力就会消解。而且,学生虽非生而知之者,却可以

情暖校园

在实践中学会创造性的管理。而这种创造性一旦得到认可与表彰后，就会在他们心里积淀成更加向上的生命动力。"大眼睛在发现"真是妙极了！当一双又一双大眼睛在发现的同时，那些不文明的现象就会越来越少，不应当发生的事情也会越来越少。同时，在这个过程中，增强了学生对真善美的认识，对真善美的呵护。学生从小有了对真善美的向往，长大之后，就会对社会进步起到积极推动的作用。

【房彩霞】我真的希望我们的教育能够为学生们的将来做些准备。我想，与我们共同努力的，还有学生背后的 2400 多个家庭。营东的家委会以及众多的"家长志愿者"，他们做得很好。自我校成立了家委会以来，他们带给我许多的感动。在车来车往的马路中间，即便在他们雨伞下面护着的并不是他们自己的孩子，但是在他们的脸上我却看到了这样一种表情——那是父母对自己的孩子所特有的一份慈爱；在我们的教室里，虽然他们辅导的是别人的孩子，但是在他们的脸上我所看到的却是对每个学生都拥有的一份责任；在我校的家委会办公室中，虽然他们都有着各自不同的职业，但是在这间办公室中，我在他们的身上却看到了一份对待本职工作的敬业与执着——他们也正在以实际行动感染、教育着身边的孩子们。父母是孩子们最好的榜样！是我们教育合力中不可或缺的力量！我想，打动我的可能就是"志愿者"这三个字吧。难怪我校的家委会史华主任曾经动情地说："每次从我们的'家长志愿者'身边经过时，我总会想起祖海的那首《为了谁》——我不知道你是谁，我却知道你为了谁。"

【陶继新】家长之于学校教育的作用是巨大的。大凡教育做得好的学校，都有着家长的支持。那么，家长怎样才能自觉自愿地为学校发展尽心尽力呢？这绝非一件简单的事情。因为在一些学校，家长还是教师的对手，还是学校发展的障碍。你们的家长为什么这样为学校尽力呢？我想，一个重要的原因，就在于家长是学校发展的一种资源，是学生成长的另一类教师。有了这种认识，校长与教师在面对家长的时候，就会有了别样的行动，就会与他们形成教育孩子的合力。家长一旦认识到与学校教育必须和谐共进的时候，就会从心里帮助学校，就会在爱自己孩子的时候，也爱别人的孩子。所以，就有了您上面所谈的令人欣慰的景观。而且，"家长志愿者"在学校门前与学校里面的表现，也会在无形中影响到自己的孩子，影响到其他的家长与学生。当更长的家长更好地为孩子成长努力的时候，学校教育就会呈现出一种欣欣向荣的景象，家庭教育也会如学校教育一样进入到和谐向美的境界。

【房彩霞】是的，当学校的育人工作实现了家校牵手时，我们的确可以看到"和谐向美"的景观，与此同时，学生的文明也就多了一份保障！通过多年不懈的努力，我十分欣慰地看到教师全体行动、学生相互监督、家校形成合力让我校实现了育人工作全员化！而更让我欣慰的是，当我们做到了这一点后给学生们带来的改变：学生们慢慢发现，他们的身边处处是欣赏发现的眼睛，处处是督促他们举止文明的眼神，久而久之，他们也拥有了一双慧眼，在自律的同时，也为维护校园的文明尽了自己的一份微薄之力。他们不知不觉中就成为了校园内流动着的文化。

【陶继新】伟大的艺术家罗丹说过："美是到处都有的，对于我们的眼睛，不是缺少美，而是缺少发现。"当教师、家长与学生都有一双欣赏美的眼睛时，他们的心态也会变得美起来。而且，这些美很多还是由他们自己创造的，在欣赏的时候，就更有"情人眼里出西施"的特殊美感。学校不但应当是文化的圣地，也应当是美的"天堂"。这个美不只是外在之美，更有心灵之美。而处在美的环境之中，师生也就有了一种趋真向美的内在追求。于是，学校才有了美轮美奂的"流动着的文化"，也有了"和谐向美"的景观。

九、定义迭代　学生才是真正的校园文化

【房彩霞】陶老师,不知道您是否注意到了,在交流中,我们越来越多地提到了"文化"二字。您在前面说:"优质的学校人文环境,是可以改变人的;反之,人也是可以改变环境的。当环境越来越好,人越来越好的时候,这种相互的作用力也就越大,且会形成一股巨大的生命合力。这里的合力还不只是两种力量之和的相加,而是有了更强的力量。这就是文化,人在其中,会被这种优质的学校文化改变;而且,人又进一步地优化着这种学校文化。"对于您的这一观点,我很信服!如您所言,其实我们所做的一切都是在精心打造学校文化,并期望用这种文化来影响与改变学生,让他们成为营东校园内流动的文化。不谦虚地说,我校已经初见成效!

【陶继新】任何学校的发展,都离不开文化的建设。学校是文化的圣地,也是通过文化来改变人的园地。您如果不在精心打造学校文化方面下工夫,营市东街小学也不会像今天这样快速发展。而且,你们的学校文化建设的的确确经历了一个"内化"的过程,学校精神是慢慢地渗透到师生的心里的,在得到他们一步步认可的同时,他们又在自觉地构建这个学校的文化。于是,学校就成了师生活动的精神乐园,而不是痛苦的争逐场。你们学校所进行的每一项活动,甚至每一节课堂教学,都因文化的流动而有了别样的风采。而作为核心要素的"人",则在这种流动中幸福的前进、成长。

【房彩霞】其实,我也是经过了很长一段时间的感悟才有了今天的认识的。也许,很多校长也会有这样的成长经历吧。以前,当校外人员到营东小学参观学校校园文化时,我关注更多的是校园卫生,走廊两侧所谓的"会说话的墙壁"以及专用教室内学生作品的摆放。但是,近年来,我的观点发生了巨大的转变,我开始越来越关注校园内的学生,关注他们课上与课下、室内与室外、校内与校外的行为举止。我想,我的这种改变应该是源自对"校园文化"这一概念的重新认识吧。现在,我越来越深刻地认识到:学生的言行举止才是校园本质意义上的文化!"让学生成为校园内流动的文化"已经成为我校努力追求的目标。

【陶继新】环境文化是属于学校文化，它更多的以外在的形态展示其文化的特征；而精神文化则是学校文化的核心，它更多的体现在校风、教风、学风、班风等精神层面。精神文化更多地体现在师生的言行上，以及由此感受到的思想境界上。所以，您关注学生的行动举止，说明您在构建学校精神文化方面是特别用心的。而且，精神文化一旦形成，它有着相对的稳定性与传承性，可以说，一所学校的精神文明建设好了，学校就有了发展的内在力量。你们学校这些年之所以呈现蒸蒸日上的发展走势，当与追求学校文化建设的高品位有着直接的关系。

【房彩霞】文化的力量真是巨大的！两年多来，这种"以学生为主体，以校园为空间，以校园精神为特征"的具有营东特色的文化，让我欣喜地感受到了学生们的变化，同时也看到了学生们带给营东校园的变化！我们有理由相信，我校9月1日升旗仪式上出现在大屏幕上的那个"有心，更有行动"的红色标志，已经在营东学子的心中留下了永久的印记，因为学生们已经开始用行动来诠释他们对这个标志的理解。而当所有的行为成为了一种习惯时，恐怕就再也无法忘记了。

【陶继新】喜欢"有心，更有行动"这个标志。有心是先决条件，不然，就很难有相应的行动。可是，仅有心是远远不够的，有心而行动不力者并非少数。所以，更要有行动。行动是对有心的最好诠释，也是对有心的升华。而且，这个标志属于精神文化的范畴。尽管寥寥几个字，却因其丰富的内涵与特别的生命感召力，已经成为营东人精神与行动的象征。它不但镌刻到了师生的心里，也成了你们自强不息的一个精神口号，一个努力向上的行动准则。

【房彩霞】我想，只要有心并有行动，恐怕没有做不好的事情。谈了这么多德育工作的话题，此刻我最想说的一句话是：德育工作如何去做？需要用真心来做、用真情来做、用智慧来做！只要我们心怀一份责任，必定会打造出一方文明。变化，迟早会在学生的身上发生的。

【陶继新】《中庸》中有很多关于真诚的论述，甚至认为"至诚如神"。所以，不是说哪个人当了几年校长，做了几年教师，或者干了更多的时间，就一定取得了理想的成绩。如果不用心，不用真情来做，是不可能结出硕果的。真的是："诚者，天之道也；诚之者，人之道也。"做教育工作，也要合乎天道与人道，才能抵达美好的境界。

【房彩霞】陶老师，很珍惜和您对话的机会，因为每次对话都让我收获颇丰，在此深表谢意。今天的对话就用我在"济南市中小学生行为规范建设启动仪式"大会交流时的结束语来做结吧："我相信：今天，学生是我们营东校园内流动的文化；明天，他们就一定能够成为社会上流动的文明！"

【陶继新】这个"结束语"很有意义。它显现了你们高远的追求目标，说明你们对学生的培养目标不止于他们全面并有个性的发展，还瞩目于他们未来的发展。现在，这一文化在学校流动，未来，更会成为社会上流动文明的一道又一道的精神风景。有这样的理想，加之扎扎实实的行动，您的期望一定可以变成现实。

第三章　让发展成为需求

一、内在需求　发展之前提

【房彩霞】我觉得时至今日，如果再谈教师培训的重要性就显得有些多余了，因为一所学校的师资队伍对于一所学校的发展的重要性已经毋庸多言了。我曾经听说过这样一句话：一所小学如果教师队伍薄弱，那么这所学校将永远无法摆脱薄弱。这句话便足以说明这一点了。

【陶继新】对于教师培训的重要性，确实几乎人人皆知了。可是，究竟请什么人来为教师培训？自己的教师是不是可以作为培训者？什么样的培训内容与形式更适合教师？如此等等，不同的人，还有不同的理解。于是，培训的内容与方式，也就有了不同，效果也是大相径庭。

【房彩霞】目前培训意识大家都有，培训技巧大家也都在摸索。但是在教师培训这项工作中，其实，我们能保证做到的只是把培训内容呈现在教师的面前，而这其中究竟又有多少能够转化为他的知识内存，又有多少能被应用，对于这一点，我们能起到的作用实在是微乎其微了。所以，我觉得校本培训工作并不是完全靠培训来解决，培训能解决部分问题，并不能解决所有问题，要保证培训的效果，首先应该解决培训者的思想意识问题。您觉得呢？

【陶继新】同意您的观点，培训者的思想意识出现问题，培训的效果就不可能理想。现在培训机构林立，可是，如果不研究受培训者的需求，培训就变成了无的放矢。其实，培训也要基于问题，也要考虑教师的急需。这些问题解决了，教师的教育教学才不至于误入迷途。不过，当教师的"饮食"问题解决后，就要关注"道"的问题了。孔子之所以说"君子谋道不谋食"，就是说真正的知识分子，要在人格升华、心灵和谐与持续发展上不断地发展，从而对形上之道有所感悟，且能以道行事。我发现，道的问题解决了，其他问题也多能迎刃而解。所以，《大学》与《道德经》的开篇都谈道。现在，很多教师已经对此很少关注，甚至知之甚少了。可是，正如《中庸》所言，道是"不可须臾离也"的。在你们学校作过报告的魏书生、郑杰等，在谈教育之术的时候，有时谈到了道，所以，才让人感到耳目一新，才有一种须仰视才见的美丽。

【房彩霞】的确，在我们的身边盲目的培训太多了。尤其是新课改初期，大量的培训内容如山堆积，让老师们疲于应付，却收效寥寥。有时候我们往往只重视培训，而忽略了培训之后的事情。多年的培训经验告诉我：其实，老师们缺乏的不仅仅是理论上的东西，他们缺乏的更多的是实践，是促使他将理论上的东西转化为实践的一种内在需求！身边许多成功的培训案例给了我这样一个启示：让发展成为需求，有了需求，发展才会成为可能！有了这样的需求，他才会产生对人格升华、心灵和谐与持续发展的更高的追求。

【陶继新】要想让教师将发展成为需求，就要让他们拥有发展意识与行动。非常欣赏邓小平的一句话："发展才是硬道理。"有的教师教了几十年学，可是，由于一直只是在教科书与教参书上转圈子，其实，是没有太大发展的。而不太发展是感受不到发展所带来的快乐的。有的教师则不然，除了关注教科书与教参书之外，不断地学习，不但读教科书之外的书，还读其他方面高品位的书。同时，还要读实践，读人生。一个人，读的书再多，如果脱离了实践，不能说百无一用，起码用处是很小的。魏书生之所以成为教育家，除了他读有字书之外，就是读实践这本无字之大书。只有将这两本书都读透了，读好了，才能真正发展，从而走进教育名家的殿堂里去。所以，最受教师欢迎的培训，不是纯然的高深的理论，也不是没有任何理性剖析的经验，而是两者合而为一且有妙趣横生者。

二、来自一位出租车司机的启示

【房彩霞】"一直只是在教科书与教参书上转圈子"的老师在现实生活中还是大有人在的，之所以这样，没有发展的需求使然！无论是您还是大家熟知的魏书生老师，能有今天的深度与高度，我们深知在这些外显的文字和语言背后的努力。您曾经的一句"我很早就在为自己六十岁以后做准备"带给了我很多感动与触动，真的，肺腑之言。虽然并不是每个人有了发展的需求，都会有这样的造诣，但是我相信：需求，发自内心深处的需求真的会给一个人带来很大的收获的。有件事对我触动很大。有一次坐出租车和司机闲聊，这位司机从他孩子的学习说到自己的学习，快到目的地时，他说了这样一番话："你们当老师的，就得让学生觉得不学习不行，一旦自己想学了，就什么问题也解决了。比方说我吧！今年五十八岁，过两年就六十岁的人了，从两年前我开始学习英语，已经坚持学习两年多了。两年之前我拉了一个老外，结果上车后他说的话一句也听不懂，外汇没挣到。从那以后便开始自学英语，现在和老外简单的交流没问题……"

【陶继新】这位出租车司机真的很令人佩服！其实，在任何时候都是可以学习的。我出身农民，不但从农村学到了很多城里不可能学到的东西，而且也在挤一切可能挤出来的时间学习文化知识。我参加高考前，和几个年轻的农民一起干活的时候，都是一边干活，一边交流着与高考有关的知识。在农村做饭，是要烧柴火的，我有时则充当这样一个角色。为了学习，我发明了一个办法，就是将比较多的柴火一次性放到锅底下，这样，就可以不用不断地往里面续柴火。这会费一些柴火，可是，却让我有了更多的时间学习。为此，曾受到过我夫人不只一次地批评。可是，却一直坚持"知错不改"。就是这些在一般人看来不可能学习的时间里，我学习到了很多东西。结果，高考分数出来后，我的考分非常高，比我少二十多分者竟然考进了山东大学。不过，由于政审问题，我没能进入重点大学，只是到了济宁师专。可是，由此却改变了我的命运。从此，我就一直没有放松过学习，并以此为乐。我感到，学习是我的生命维系，是我快乐的源泉。由于不断地学习，也就有了不断地发展；不断地发展，又促使自己不断地学习。所以，我一直在学习着，发展着，也快乐着。有的教师不知道学习是多么美，也体验不到发展带来多么神奇的感觉，所以，也就少了发展，少了本应拥有的幸福。

【房彩霞】第一次听您讲述过去的故事，更加佩服您了。临下车前那位司机师傅说了一串流利的英语，这段英语如果出自一个年轻人之口也许我没什么感觉，但是出自眼前这位头发已经发白的近六十岁的老人之口，我便平添了一份敬意，也由此想到了我们的英语培训。我们学校于几年前曾经对教师进行过英语培训，私下曾经和几位校长交流过，得知不少学校也在进行英语培训，但效果均不甚明显。有一年的教师节，在营东校园内我看到了令我至今难忘的一幕，当时两位老师上楼，值勤的学生用英语向他们致以节日的问候。其中一位老教师无意识地问了一句：孩子，你说的什么？学生笑着作答。老师走了以后，这俩学生反应，尽管我相信他们是无恶意的，但我至今记忆犹新。他们对视一笑，其中一个学生说：要不咱们加上一句，你说英语，我当翻译——其实，老教师不懂英语这件事本身无可厚非（他们也在我校英语培训范围之内，只是鉴于年龄原因不做硬性要求），但是与那位老司机学英语的毅力相比，让我更感受到任何培训学习都是先有需求，而后才会有发展的。

【陶继新】学习是不分年龄大小的，关键是有没有学习的意识与行动。冰心老人甚至说："人生从八十岁开始。"八十岁之后，她确实写了一些优秀的作品。现在的问题是，有的教师只有五十多岁，就觉得自己老了，人们也多将其视为老教师了。其实，五十岁正是人生的黄金时段。为什么认为自己老了呢？为什么不学习了？关键不在别人如何看你，而是你自己心里的意识。如果真从五十岁好好学习，且学有方向，学有办法，学有品位，不用几年，就会有巨大的收获，甚至给其他教师一个惊喜。我在河南省濮阳油田第一小学采访的时候，就听过一位即将退休的女教师的发言，她阳光四射，激情满怀，幽默风趣，对生活对工作充满了无限的热爱，也收获了学生对她的无限的爱戴，也收获了年轻人很难想象的成绩。如果老师们都有这样一个心态，这样一种学习态势，就不可能不发展，就不可能不幸福。您所说的那位出租车司机，出于需求，也从学习中体味到了无限的乐

第三章 让发展成为需求

趣。有了乐趣再学习的时候，就有了高效率。这会让人更加自信。长期的自信，会让人更有动力，更有发展潜力。

【房彩霞】我很赞成您的观点，而且我始终认为，从事教师这一行业，最是需要保持这样一份需求与动力的。因为我们面对的是天天都在长大的学生。说实话，陶老师，如今的学生让我们当教师的难堪时候不少。青少年研究中心孙云晓就曾经说过：这代孩子是视听环境中长大的，是不可小视的一代孩子！其实上述的营东校园内的一幕仅仅是一例，如果师生同进考场，语文老师的下水文的水平是否一定会在学生之上；数学老师解答难题的速度又是否一定会比学生高？我们操作计算机的能力又是否一定会在学生之先？如今，我们常说这样一句话：以往的课堂，是做好全面准备的教师面对毫无准备的学生；而今的课堂，当学生做好了全面的准备以后，作为人师的我们，又该如何去准备呢？不耻下问的确是一种美德，但是屡屡不耻下问，我想作为长辈的我们难免会汗颜的！所以为师者真的需要保持发展的需求，要优先于学生的发展，这应该算得上是职业的需要了吧。

【陶继新】您问的几个问题令人深思，其实，当今"弟子不必不如师，师不必贤于弟子"的现象已是屡见不鲜。教师如果不学习，长期落后于学生的话，不但愧为人师，学生也会对教师的学识心生怀疑。我觉得，教师就应当是拥有文化者，就应当是比学生知识更丰富，学习更努力者。中国最伟大的教育家、思想家孔子曾经周游列国十四年，几经磨难；曾经被围困在匡这个地方，有了生命的危险。可是，他一点儿也不害怕，却说了下面一段话："文王既没，文不在兹乎？天之将丧斯文也，后死者不得与于斯文也。天之未丧斯文也，匡人其如予何？"大致意思是这样的：周文王已经死了，文化难道不在我这里吗？上天要想把这个文化毁掉的话，那么后来的人就得不到这文化了；如果上天不想毁灭这个文化的话，匡人软禁我是没有办法的。在有生命之忧的时候，孔子仍然以文化的传承者自居，甚至是感到自豪的。他认为文化就在他那儿，他是文化的代言人，是文化的传播者。实际上，我们老师在学生心目中，也是文化的代言人，也是文化的传播者。既然如此，就应当拥有文化。所以，教师就要不断地学习，持续地发展，为学生生命成长做准备，也为自己做一个更加优秀的教师做准备。

情暖校园

三、正视人之惰性

【房彩霞】我一直在想，教师发展无论是之于对学生一生的发展的影响，还是之于教师作为文化的代言人与传播者这一特殊身份的需要，其重要作用可能没有哪位教师心中是不明了的。然而，许多人始终不愿向前迈出这一步，究其根源，就是人的惰性，老师也是人，同样有惰性。我校曾经接待过江苏省常州市湖塘中心实验小学的几位领导、老师，在交谈中，该校的张校长说了这样一番话：都说管理要以人为本，其实要真正做到以人为本，就要正视人有惰性这一本性，在工作中努力克服教师的惰性。该校的英语培训令我自叹不如：他们与江苏省的一所高校联系开展教师的英语培训。学习期间老师进行正常的考试，培训结束合格后颁发该高等院校的学历证书。我觉得，这一方法有效地克服了教师的惰性，诱发了教师内在的积极因素，以可见性的目标作为驱动力，达到了很好的培训效果，使大部分教师都坚持进修完，拿到了英语大专学历。我想，如果不采取该项措施，中途掉队的应该不在少数。

【陶继新】2008年，我到江苏省常州市湖塘中心实验小学讲学的时候，采访过奚亚英校长及该校老师。这所学校，其实是一个城乡结合部的学校。起始阶段，非但不是名校，还是一个相对薄弱的学校。可是，几年之间，却一跃而成为远近闻名的名校。之所以发生这么大的飞跃，原因非止一端，而您所说的培训当是一个重要原因。而且，他们将培训与教学实践结合起来，比如，他们的英语"三分钟演讲"，是在英语课上课之始，用3分钟时间，学生轮流在班上当众演讲。这样，一学年中，平均每个学生可以演讲三次。演讲的内容有时事评说、心迹表露、生活见闻、新闻点评、调查报告、读书后记等。演讲活动不仅促进了学生读书的热情，还提高了他们的即兴演讲水平。而当学生演讲的时候，教师也不只是旁观者，也需要有相当的英语水平，不然，就会成为真正的落伍者。所以，就有了您上面所说的教师的英语培训。同时，他们特别关注教师与学生的阅读，我去的时候，学校里就有了由图书馆和阅览室组成的300平方米的"书苑"，里面整齐有序地摆放着数十万册的藏书，从幼儿读本到少儿读物，从教育名典到案例分析，从科研书籍到休闲文学，从古典名著到现代文学，从健康手册到父母必读，从延年养生到美容保健，如此等等，可谓琳琅满目。而且图书开架借阅，供师生自由选择，自主阅读。毫不夸张地说，这里为全校师生提供了丰富优质的阅读资源。这里的老师在培训与阅读中有了持续不断的发展，也享受到了成长的快乐。所以，非但少了倦怠，反而有了不断超越自我的追求。

【房彩霞】难怪该校会有如此创举，我当时听到他们培训教师颇具新意的做法，真是佩服得五体投地。在这样的氛围中，在这种方式下，人性中的惰性也会降至最低，发展就是水到渠成的事儿了。近几年来我校一直十分重视针对班主任的心理知识方面的培训，因为我校现在越来越深刻地意识到：单纯靠简单的说教已经很难解决学生学习与生活中遇到的问题。然而，心理知识的系统化学习不仅用时多，且枯燥乏味，首期学习报名者寥寥。受此启发，我校与省内一所高校联手，考试过关即可取得心理咨询师的证书，这一举措有效激发了教师内在的需求。一个暑期过后，我校绝大多数班主任均顺利过关，这一结果真的让我欣慰不已。当然，我这番话的目的并不是说所有的工作都要迁就老师的惰性，而是说我们应该正视这个问题，并克服这一障碍，采取积极的手段向我们既定的目标努力。

【陶继新】关注班主任的心理状态，当是学校工作的一个重点。他们心理健康与否，直接决定着学生的心理好坏。一个阳光灿烂的班主任，会在有形无形中向学生传递一种积极的信息，从而也让他们积极向上起来。这种优质的心理状态，不但会让学生们感到快乐，也会提高他们学习的效率。心态是与学习效率的高下紧紧联系在一起的。心态好，效率就高；心态不好，效率就低。从某种意义上说，情感高效才是高效学习的核心要素。而且，小时候心境的好坏，其影响并不止于当下，还会延伸到成年。大凡小时候有过严重心理问题的学生，长大成人后，多会在某个生命节点上呈示出来，以致酿成严重的后果。所以，您的这个班主任培训工程，不只是让班主任有了一个积极的心态，还让学生有了一个持久的良性发展心灵。

【房彩霞】的确如您所言，这次成功有效的培训，不只是让班主任有了一个积极的心态，还让学生有了一个持久的良性发展心灵。培训之后，更多的老师在学生遇到成长中不可避免的问题时，学会了与学生进行心灵与心灵的沟通，学会了"让我悄悄告诉你"的辅导方式。在庆幸这一收获的同时，更欣慰于培训技巧的一个小小改变带给教师的转变。看来，只要把握住教师接受培训时的心理，"让发展成为一种需求"这一目标还是不难达成的。

【陶继新】教师，不应当只是知识的传授者，还应当是心灵的锻造者。大凡成功的人士，多有一颗健康的心灵。如果当下有了一定的成绩，而没有健康的心灵，以后也会步入失败之地；而有了健康的心灵，即使当下未必成功，甚至遭遇到失败，也不会垂头丧气，而是总结教训，继续前行，最终走向成功。从某种意义上说，拥有良好的心态，也就会有走向成功的心理基础。你们的这种培训，则是为师生走向更大成功奠基啊！

四、敢于把自己当做焦点

【房彩霞】为了师生的共同发展，学校一直在努力中，并不断地通过培训方式的创新，来提高培训的效果。在培训过程中，我一直在想：不知道有多少人考虑过这样一个问题——自己有多重要？我觉得这一点对于教师激发自己内心的发展需求是十分重要的。我们常说，发展取决于一种状态。所以我校在关心培训内容与方式的同时，更注重用关注的目光去提升老师们的工作状态。因为关注本身就是一种激励！让老师们在管理者关注的目光中感受到——我很重要！

【陶继新】对于"自己有多重要"，更多的教师很少思考这个问题。知道了自己的重要性，也就有了自信，有了自信，也就容易克服倦怠情绪。同时，知道了自己的重要性，就要不断努力，从而让"重要"与自己的现行状态尽量契合。这样的话，就会有意识地发展自己，就会在自己发展的时候，也更好地发展了学生。那么，怎样让教师知道"我很重要"呢？如果有自觉意识自然很好，如果没有呢？学校就要唤醒这种意识。当这种意识觉醒后，他们的生命状态就会积极起来。

【房彩霞】怎样让教师知道"我很重要"呢？这也是我曾经绞尽脑汁思考过的一个问题。为了唤醒这一意识，几年前我校隆重推出了营东小学"聚焦"系列栏目。学校把在培训中凸显出来的优秀团队与个人作为典型案例向全体教师隆重推出，采用经验访谈、成果展示等形式予以关注。在每次"聚焦"之前，我校都会请学校的动漫高手马红梅老师为其制作精美的Flash片头。在"聚焦"栏目中，我曾经说过："如果我是片中的主人公，在众人的瞩目中，我会告诉自己，此刻，我就是焦点！"该创意，让老师们在关注中找到了校园焦点的感觉，在关注中让老师的发展成为了一种需求！于是，"聚焦"栏目成了我校促进教师发展的一方平台！

【陶继新】这是一个很好的创意！"聚焦"于全校，当然是极其重要的人物了。既然重要，就不能平平庸庸，就要有"点"可聚。可见，聚焦之人物，当然要有一些不寻常之举，当然要有可以引起大家关注之事。为此，教师就要创造性的工作，就要不断努力超越别人，也要不断超越自己。这对于"焦点"人物，会感到非常荣幸，但同时又是一种鞭策。不是只为这

情暖校园

一次走进"聚焦"而努力，而是要持续地努力。没有走进"聚焦"的人呢？也希望得到大家的关注，也希望成为学校的"焦点"，于是，就有了"择其善者而从之"的心态，就有了"士不可以不弘毅"的向上精神。当学校更多的教师有了这种意识与这种发展态势之后，学校的发展也就有了内在的力量。

【房彩霞】在"聚焦"栏目中，对那些面对"镜头"的老师们来说，"聚焦"给了他们一种压力，更给了他们一份动力；在绽放自己职业生命中那份精彩的同时，更让他们找到了作为教师所必需的一份职业情谊！而对于"观众"来说，则带给他们一份渴望与期盼。我想，这一培训方式之所以会卓有成效，其实就是把准教师的脉搏，了解了教师的心理。

【陶继新】每一个人都有巨大的能量，都有可以展示精彩的空间。如果不断地为其提供释放这种能量的机遇，提供让其展示精彩的舞台，这种能量就会越积越强，这种精彩就会演绎得更加精彩。当一个人的潜能不断地被激发出来，当更多的人不断欣赏他们的时候，就会生成一种持久的发展动力。而那些没有被聚焦的教师，也会跃跃欲试，也会在崭露头角后，激情满怀地投入到新的工作中去，也会让自己的人生更加美好。

【房彩霞】是的，多次的"聚焦"足以证明一个人成为焦点后的潜能！自 2008 年以来，学校先后"聚焦"了许多优秀团队与个人。记得 2009 年的教师节，我校将镜头"聚焦"到了美术组。在以"丹心一片赋文章"为主题的访谈结束之后，学校为美术组的每位教师举办了一期大规模的个人画展，几百幅作品摆满了教学楼的角角落落。当营东的教师漫步在走廊内，细细赏析他们的作品时，我看到了，美术组的老师们脸上写满了自信与骄傲，因为在欣赏者的脸上，他们读到了"赞叹"与"信服"。通过那次"聚焦"活动，让老师们对美术老师的专业素养刮目相看，也激发了他们内在发展的需求，把他们推到了一个更高的发展平台之上，这次"聚焦"对于他们今后的教学研究和他们个人专业素养的提高都起到了很好的促进作用。

【陶继新】为美术组的每位教师举办一期大规模的个人画展，对于他们来说，都是一个全方位展示自己的机会。他们会全力准备这次画展，希望让大家看到自己最为精彩的一面。这个准备的过程，也是对自己美术工作的梳理与总结的过程，它会让他们惊喜地发现，自己是多么了不起！当老师们个个赞不绝口地称道他们的画作之美时，自豪感与自信心就更会升腾起来。我想，这不但会让他们在画展时激动不已，更会让他们为未来更加精彩作长期的准备。谁也不愿意重复"过去的故事"，都希望有更大的亮色展示出来。为此，就要更加努力，就要更好地创新。于是，也就为这些教师注入了持久的激情与动力。

【房彩霞】是的，我相信，每一次的"聚焦"都是为了镜头前的这个团队明天的精彩在做着前期的酝酿与铺垫。正如"聚焦"五年级级部时，一位老师所说："面对一学期的新征程，面对更多人的关注，我们也感到了压力，但我们心里更明白，这种关注倾注了领导的信任，同事的希望，这关注是一种力量，疲倦时会感到一份责任的力量，松懈时会感到一份约束的力量，自满时会感到深深的压力，这也成为了我们的进取的动力。这份关注化为一个关键词——勤勉。"

【陶继新】"聚焦"团队比聚焦个人更有意义。当下教师队伍中不能"成人之美"者并不鲜见，这除了中国人固有的劣根性之外，还有一个原因，那就是学校没有给团队群体向上提供有力的支撑。团队的共同前进，会让身在其中的各个个体感到团队就是我的依靠，就是我成功的支持。这样的话，每一个个人的成功，都会令其他人感到欣慰。长期的合作共进，就会在老师们的心里栽种下合作共赢的种子，就会在长期的工作与生活中结下理想的果实。

【房彩霞】的确，在每次"聚焦"团队之后，我们都能够十分清晰地感受到整个集体行走的力量！在老师们的头脑中，成为焦点的不再是哪位教师了。"把自己当作焦点"是我在"聚焦"栏目里每次都要讲的一句话。这或许与"低调做人"类似的观点相悖，但从几次"聚焦"案例的效果来看，这种理念还是对教师的发展起到了一定的促进作用。"把自己当作焦点"不是让老师们"自大"，而是教老师们学会"重视自己"，告诉自己——我很重要。要关注自己的发展，把自己当作焦点，否则你就不可能为别人所关注！当然，要成为焦点也并非易事，这是需要付出很多努力的。

【陶继新】"聚焦"的要义还不止于展示，也不止于让展示者感到自己重要，还有让激情走进教师的心里。老师们平时工作比较紧张，也相对平淡，所以，一些教师习惯了这种"水波不兴"的状态。可是，一个没有激情的教师，是很难让学生演绎激情的。而没有激情的学生，不但与其年龄难以相合，而且长久的平淡，也会熄灭蕴藏于学生心中的那团激情燃烧之火。当学生没有了激情的时候，也就没有了生气与活力，也就少了创造性。从这个意义上说，你们的"聚焦"在为教师点燃激情的时候，也让学生走进了属于他们那个年华的激情时代，也有了属于学生的那份热情。

【房彩霞】是的，我也坚信，激情是可以传递的，让师生在激情中演绎各自的精彩也是学校的初衷与期盼。几次"聚焦"过后，我深刻地意识到：我们应该关注的还有"聚焦"之后老师们的发展，毕竟，我们"聚焦"的最终目的并不是仅仅留住老师们面对镜头时那一刻的辉煌与激情！对于部分团队和个人我们还进行了"再次聚焦"，保持这份激情，继续书写辉煌，以期盼他们越飞越高，做大家视线中永远的焦点，让发展成为不变的追求！

【陶继新】为了让短暂的展示与激情持久地生成能量，除了"再次聚焦"之外，还要让教师从深层次明白一个道理，那就是激情是他们生命成长的需要，发展是他们成功的必需。而且，一个教师的发展与成功，还会带动更多学生走向更加美好的前程。当老师们有了这种思考，有了一种责任感之后，就会更好的调动这份激情，更加努力地走向成功。这就会形成一种良性运转，就会让教师因拥有激情从而也拥有了幸福。

五、学而思之方为学习之道

【房彩霞】很欣慰，"聚焦"让很多老师们找到了"校园焦点"的感觉，有效激发了老师们发展的内在需求，从而让他们拥有了自己职业生涯中一份精彩与激情！要想让老师产生学习的内驱力，学会"学而思"也是十分重要的，因为只有不停地思考才不会止步不前！对于这一点，我深有感触。作为校长，我经常参加培训，经常"走出去"，学上海，观北京。也曾走进建平，也曾耳闻，很多学习者学习归来，唯一的成果就是搬回来一个比建平更大的"金苹果"摆在自家的校园里，无非是换个"黄苹果"之类的名称而已。我想这样的学习怕是谈不上"学而思"的，滞留于表层的学习，没有深度的思考，又怎能会产生学习的内驱力呢？

【陶继新】"他山之石，可以攻玉。"这是用来形容学习他人经验的一种说法。固然，真正学到他人经验，用于自己的教育实践，并能产生效用，当然是很好的。可是，如果学习只停留在"表层"，没有结合自己学校的实际进行"深度的思考"，往往是事与愿违。尼采甚至说："甲之经验，乙之砒霜。"说得尽管有点严重，可是，细细想想，倒也有一定的道理。不是吗？有一些学校到外地去学习一些典型的经验，非但没有学到经验，甚至连自己的东西也丢失了。所以，学习他人经验，不能照搬，而要结合本校的实际，分析如何才能更好地发展，才能取得一定的成功。

【房彩霞】我知道，搬回来一个比建平更大的"金苹果"这是每一个走进建平参观的学习者都很容易犯的错误。其实，在走进建平校园之前，我也在想：我们学习建平到底学什么？学习它的管理模式？抑或是学习它的办学理念？然而走进建平集团的不同学校后，我却发现同属建平集团管理下的几所学校，呈现在我面前的是不同的管理模式！同一管理模式呈现给我的是不同的体现形式！而相同的是，这几所学校均呈现出上升的发展趋势！我也曾想过：是否建平集团的管理模式能适合所有的学校？答案当然是否定的。的确，再先进的管理模式也不可能全部适合于其他学校！于是，在上海长达二十多天的学习中，在不断地叩问中我明白了：我们学习建平也好，学习其他名校也好；学习冯恩洪也好，学习其他名校长也好，学的是思想，学的是他对教育深刻的理解，学的是他能够把这种理解与学校的实际情况巧妙地结合，从而生成一种新的思想！有了这种思想之后，学习便不会再是一味地模仿了。只有"学而思"，才会拨开堆积在你眼前的表象的东西，才会有新的发展。

【陶继新】学习名校的管理，照搬者几乎无一成功者。因为每个学校都有属于它自己的"个性"，正像一千个读者眼中有一千个哈姆雷特一样。那么，怎样才能让自己的学校也能异军突起，成为真正意义上的名校呢？您说的"学与思"可谓一语破的。我认为，这个学，有书本知识之学，也有实践之学；而且，所学要"取法乎上"，读一般的书是不可能更好成长的，所以，不但要急用先学，更要读高品位的书，甚至读无用之大用的书。实践层面之学，也应当有一个高远的目标。仅学还是远远不够的，孔子说："学而不思则罔。"这就有了您所说的思。思也不是胡思乱想，而是在学习他人经验的基础之上，认真分析自己学校的实际情况，进行深入思考。要思出什么是真正意义上的学校发展，思出如何才能真正发展。而且，这里的思，还不是校长一个人的思，还要聚集群体智慧。同时，很多思路集合到一起的时候，还要思：哪些是可用的，哪些是不可用的；哪些用起来发展更好更快，哪些用起来发展不一定太快。有的时候，在思之不解的时候，还要学。所以就有了孔子的另一句话："思而不学则殆。"从这个意义上说，学与思有的时候可以转换，有的时候则是并行的。更多的时候，两者同时"在场"，更能厘清正误，寻到学校发展的路径。

【房彩霞】在参加校长培训班的学习时，我常常深刻地感受到与知名校长之间的距离。这真的是一段很长的距离，几次互动中的沉默让包括我在内的许多校长感到尴尬。我知道，沉默是因为我们面对这样的名校长时瞠目结舌，是差距让我们哑口。于是，开始问自己：他们这些让我们瞠目结舌的思想究竟从何而来呢？其实答案我们每个有头脑的人都可以给出：思想，从思想深处而来，从读书与思考中来！学而思，思而学，周而复始，发展之路也就在脚下了。

【陶继新】我发现，真正的大师，都是因"上天入地"才有惊人之语的。何谓"上天"？就是读天书。何谓天书？就是时光流逝、大浪淘沙之后，仍旧被有思想与有文化的人所瞩目的精神产品。这些精神产品都是经典文本，它不但可以改变人的话语方式、思想走向，还可以改变人的生命质量与幸福指数。可是，有些专家读了万卷书，而且多为天书，为什么还是不能成为大师呢？关键是没有"入地"。何谓入地？就是将生命之根深深地扎在实践大地上。不是一般化地实践，而是深入地实践，而且要有属于自己的生命感悟，甚至有的还需要一定的生命磨难。孔子、苏格拉底就属于这一类的大师。您所说的这些名校长还远远没有达到大师的水平，他们只是刚刚涉足"上天入地"的边缘，有了一点感悟而已。所以，一点儿也不需要去迷信他们。您是一位很有灵性的校长，也有丰富的实践经验。在学习名校长的时候，有意于"上天入地"一段时间后，您所讲的话也会让他们瞠目结舌的。很多人不明白这个道理，尽管也非常努力，可是，到头来，还是一个庸庸碌碌之人，最多是一个比较有名的校长罢了。其实，人的潜力太大了，真正"上天入地"之后，自己都会惊诧于自己何以获取如此之多的妙道，何以渐渐走近大师的殿堂。

六、"想如何正确地干事"比"正确地干事"重要得多

【房彩霞】陶老师,您所言极是,遍观周围,确实有不少"天上飞"的专家,我极佩服的也是那些您所说的既能听到他们的思想,又能看见他们思想落地的大家。我在您坚持不懈的鼓励与支持下,一直在努力,但自知才疏学浅,任重而道远,虽不能至,心向往之。前期,我在一本书上看到这样一句话:"想如何正确地干事"比"正确地干事"要重要得多。当看到这句话时,首先带给我的启发是:认识到了作为校长的工作重点。以前总认为自己是一名比较合格的校长,呵呵。作为一校之长,为了学校的发展总是废寝忘食、兢兢业业:每天在繁杂的琐事中早来晚走,以校为家,做着一件一件正确的事情。细品这句话,却发现我这样做是不完全正确的!"想如何正确地干事",我的理解就是我们平时所说的思考与决策。以前通过各种媒体了解到某些学校在短时间内实现了跨越式发展,在羡慕之余,总是感叹该校适逢发展的机遇。现在想来,其实这些学校的领导一直以来必定都在"想着如何正确干事",在不断深入学习的基础上,才会做出科学的决策实现学校的发展。

【陶继新】"想着如何正确干事"之所以重要,是因为这样可以决胜于干事之前。如果想不好如何干事就去干,有的时候会走错路的。这样,还不如不干。

那么,如何去想?这就是一个比较大的学问了。孔子说:"不在其位,不谋其政。"可是,有的校长不仅谋校长之政,而且还要谋副校长和中层干部之政,甚至有的教师之"政"都要谋之。结果,自己忙得团团转,大家还觉得自己的权力被校长剥夺了。其实,校长应当是干大事者,即思考学校发展大事,谋划教师更好发展,其他小事和不属于自己干的事,让别人去干。如果校长只是一味地沉醉于学校的行政事务之中,整天不读书,不研究教学,时间一长,就与文化越离越远。而校长,恰恰是最应当拥有文化者。而文化缺失之后,其视野与品位势必低下。这令我想到了当年尼克松访华。当他问起毛主席中国一些国家事务时,毛主席说,这个你可以去问周总理,我只给你谈哲学。毛主席不但是一个政治家,也是一位思想家,

高瞻远瞩，运筹帷幄，显见了其伟大的战略眼光。

在我采访的名校长中，感到最有发展潜质的，不是那些兢兢业业的工作者，而是既有责任感与使命感，又是可以只管大事，充分放权者，且像您说的那样，一直思考如何正确干事者。他们关注学校发展，也在不断地提升自己。而当一个校长自身素质提升之后，尽管有可能一天只用了比较少的时间，甚至一两个小时的时间处理学校工作，可是，由于居高临下，深得管理之妙，却能够指挥若定，将学校引向大的发展之路。这样，他就更有时间不断地提升自己，越是提升，思想与文化品位就越高，乃至与全国一流校长进行交流，甚至可以在全国校长大会上谈其治校之道并得到高度认可。这是一种良性循环，而且越是这样，校长也就越是超脱；越是超脱，越是可以更好地想如何去正确的干事。这样，不但学校发展大方向就不可能出现问题，而且还可以更好更快地发展起来。

【房彩霞】陶老师，我已经做了八年校长了，这期间，我自认为改变还是颇多的。我越来越深刻地意识到，对于任何人和任何一所学校而言，所面对的机会其实都是均等的。之所以结果不同，只是因为每个人对教育理解的深度不同，对机会把握的成功率不同而已！而这些机会可能有时存在于政策中，有时存在于某项活动的创意里，也有可能就存在于一个偶发事件中。机会摆在面前，只有对教育有着深刻的理解，善于捕捉各方面信息，不断在学习中思考"明天该做些什么""想如何正确地干事"的人，才能够抓住一个又一个机会，实现教育的发展！

【陶继新】机会对于一个人，对于一所学校的发展都是至关重要的。抓住机遇，就可以改变命运。所以，校长既要有发展意识，也应当有机会意识。有人甚至认为，或然性对于一个人的成长有时是决定性的。不过，正像您所说的，机会是均等的。为什么有的人与学校抓住了机会，有的却让它与自己擦肩而过了呢？这里面有一个机会敏感问题。正像新闻敏感一样，在一个重大新闻面前，有的人时不我待地将其采写出来；有的人呢，则视而不见，听而不闻，直到这一新闻成为旧闻，才恍然大悟，但已悔之晚矣。我觉得，您是一位很有机会敏感的校长。营东小学这些年之所以能够如此迅速的发展，是您及时地捕捉住了这些机会敏感，并很快地把其转化为学校发展的资源与动力的。

第三章 让发展成为需求

【房彩霞】说实话,以前每每走入一所有着深厚文化底蕴的百年老校时,在对比中,总是感叹其得天独厚的发展背景,曾经的抱怨今日已不复存在:教育的发展是不能选择环境的,但我们在任的人却可以改变环境。我常常和身边人开玩笑说:"希望营东小学百岁时(营东小学1989年建校),我在天堂中可以幸福回顾我在任的这段历史,不敢期望能够称得上是浓墨重彩的一笔,如果算得上是营东百年雄壮乐章中一段和谐的乐曲我就心满意足了,呵呵。"自知该目标并不远大,但是即便如此,也是需要不断"学而思"才能达成的。所以,我常常对自己说:那就把今天作为一个开始吧,学习的需求在不断地思考中自然也就产生了!

【陶继新】这一"天堂美梦"里,贮满了您对营东小学发展的美好期待。美梦有时是可以变成现实的,因为您已经为这个美梦的实现做着准备。我想,不只是您,你们学校里的教师与学生,不少也在做着美梦,心里也都有着一个美好的期盼。有了高远的目标,又有脚踏实地的行动,就没有实现不了的理想。

七、多几分"端详"与"盘点"

【房彩霞】是啊,我也相信,每一位营东人都怀着一份美好的愿望。营东小学能够有今天的发展,离不开每个营东人的努力,今天如此,明天亦然!引导全校成员共谋发展,也正是我所要追求的。如果偌大一个学校,偌大一个团体,只有校长一个大脑在为学校的发展而积极思考的话,岂不是教育资源的重大浪费?我觉得,作为校长必须要做到:让每个细胞都活跃,让每个大脑都思考!在学而思中不断激发自己内心的发展需求,不仅仅是对于校长而言,对于教师亦然!我常对老师们说这样的一句话:"我们在'低头干活'的时候,切记不要忘了学习和思考,常动动脑筋想一想明天的路该怎么走。"

【陶继新】学校要想快速发展,就需要校长与教师的心要往一处想,劲要往一处使。这样,才能形成合力,才能产生能量。您与老师们则有了这种合力。这种合力还不只是你们群体之力的相加之和,而是远远超出了这个和。更重要的是,你们这个团队不但是行走着,还在思考着。行走的经验可以相互借鉴,思考的结晶也可共享。这些,则凝聚成一股巨大的精神力量,它恰恰正是学校能够超越自己,且能超越其他学校的一个密码。

【房彩霞】我也认为,老师们"行走着,还在思考着"是一所学校呈现出良好的发展态势的一个重要指标。因为如果老师们都已经习惯于每天低头耕耘,而缺少了耕耘之后的"盘点",如果再忽视掉对"研究"二字的仔细"端详",自然也就没有了进一步发展的内驱力。这种状况对于一所学校而言是很可怕的!

【陶继新】"盘点"与"端详"很有味道。这当是名校长与一般校长的差异所在。因为"盘点"与"端详"不属于回应上级领导的汇报之列,它有了校长深层次的思索。过去的工作哪些是经验,哪些是教训?未来如何汲取经验与教训,何以"更上一层楼"?这样,更有利于您前面说的想做正确的事,更会让以后的工作少出失误,多有成功。

【房彩霞】为了让老师们适应这样的一种思考方式,所以我校搭建了诸多的平台,督促教师梳理,督促教师提炼。在每周一下午的"相约左岸"中,"课题在线""精彩推荐""精彩阅读"等版块就是教师展示思考成果的平台。该形式让智慧的教师,精彩的观点,精彩的做法走到幕前,以点带面,辐射精彩。加强教师队伍建设,促进了教师素质的提高。

【陶继新】在考核学生高效学习的时候,一个重要的指标就是学生展示得如何。为什么呢?因为展示可以激发学生的内趋力,从而让学习走向自主积极的状态里。其实,教师也需要展示,当他们的成绩或某个优势展示在众人面前的时候,就会有一种自信心与自豪感,就会不需领导督促而自我努力。长期如此,教师也就有了长足的发展。

八、经营好你的品牌

【房彩霞】由于展示带给教师的成就与自信,会带给他更大且学且思的动力,发展自然也就成为了内在需求了。其实,推动教师的发展,准确把握教师的心理是相当重要的。在营东小学,我深感"品牌效应"所发挥的重大作用。有句话我一直深信不疑:"品牌是一种资源,如果经营好了,会带来巨大的效益。"就教师培训这项工作而言,品牌效应无疑可以有效激发教师内心发展的需求的。

【陶继新】品牌一旦形成，就有一种巨大的力量。当然，没有一定的实力，也不可能形成品牌。由于品牌是您带领老师们努力才有的结晶，所以，大家珍惜它，爱护它，以它为自豪。这就在营东教师的心里栽种下一个信念：要配得上做营东的教师，就要人格高尚，就要心灵和谐，就要持续发展，就要业务精湛。

【房彩霞】蒙您夸奖，现在营东小学还不敢以"品牌"学校自居，但是值得欣慰的是营东小学在济南市已经有了小有名气的品牌学科。在这些学科中，"品牌效应"已经卓见成效了。我校数学教研组的整体提升就可以很好地证明这一点。早在多年以前，数学作为我校的品牌学科逐渐为广大家长所认可。我们发现，与其他学科相比较而言，我校数学老师的发展是由内而外的，是自身的一种需求，他们会利用课余时间自己广泛涉猎课本之外的东西，会主动地将课本之外的东西吸取到课堂中，为什么？因为在他们心中，数学是品牌。他们作为数学教师，所代表的就是一种品牌。于是，近两年，我们根据自身的发展目标，进一步挖掘学校的教育资源进行强化组合，着力打造数学教研组。在学校所营造的这种"靠品牌促发展"的氛围中，他们有一种强烈的荣誉感，他们不允许自己以及自己的学生落在后面，所以他们会不断发展提高，以自身的发展带动学生的提高，以保证数学这一品牌学科的地位！

【陶继新】陆游对他儿子说："汝果欲学诗，功夫在诗外。"这一哲理性话语，成为人们走向成功的一个不变的定律。你们数学组的教师是深得其要义的。他们不但研究教材文本内容，还将学习与研究的视野延伸到课外。其实，真正意义上的名师，没有一个是死啃教材的。这并不是说教材不重要，而是说要想抵达理想的教学境界，仅靠教材是不行的。知识是相互关联的，智慧是在学习中感悟出来的。你们的数学老师不但学习课外的东西，而且还将这些内容吸取为自己的营养，应用课堂之上。这就将知识变成了智慧，就有了学好"诗"的真功夫。

【房彩霞】置身于这样一个品牌学科中，我校的数学教师凭借自身的基本功，已经将传统的学习数学引向了学习"数学文化"，这对于学生数学知识的建构定会产生深远的影响。在"品牌效应"一路激励中，我校数学教研组被评为"济南市优秀教研组"。前不久,我校数学教研组向全区进行了现场展示,28位数学老师们以"问·路"为主题,再现了日常的教研研讨,采用随机抽签的方式将教师进行重新分组,分组研究教育教学中的困惑和现场老师提出的问题,通过各小组合作质疑解惑、梳理观点并以海报的形式向大家汇报解决方案,28位数学教师精彩纷呈,既展现了风格迥异的问题思考解决方式,张扬个性,又看到了老师们团队的合力,凸显了数学教师们勤思善问,探问寻真的精神,整个过程中笑声阵阵,精彩连连。与专家们现场的互动,更是将教研活动推向了高潮。"学科是品牌,人人都是品牌",这是坐在台下的我在每位数学教师脸上所读到的。

【陶继新】您的描述,让我也恍若走进了那个令人振奋的现场。如果老师们没有对教材的深入把握,特别是没有一定的数学文化品位,是不可能演绎这番精彩的。在让大家感到惊奇的时候,也让人想到,这个团队走到今天,也是"冰冻三尺,非一日之寒"啊!没有平时的功夫,就不可能有台上的表现。这个功夫的可贵,不但有个体的努力与精彩,还有团队的努力与精彩。他们个个都优秀的时候,不是相互嫉妒,而是相互支持。在一个人进步的时候,也让其他人感到他在帮助更多的人进步,也让人感到他在向大家分享自己的成果。正是有了这种"己欲立而立人,己欲达而达人"的品格后,才有了这个和谐而又向上的团队。这样的品牌,不但能在当下呈现美妙,也还有持续发展的力量。相信这个品牌不仅是现在的,更是未来的。而且,相信营东小学还会有更多的品牌团队,还会有更好的发展。

【房彩霞】"这样的品牌,不但能在当下呈现美妙,也还有持续发展的力量。""这个品牌不仅是现在的,更是未来的。"您的这番赞许,正是我的期盼!不过,我深知,"品牌效应"要想持续发挥作用,也是需要不断有新的目标作为激励的。让所有人没有想到的是,展示结束后,济南市数学教研员陆老师当场做出决定:下学期由我校承办济南市的数学教研活动现场展示!届时济南市所有小学数学教师都会一睹营东小学教研组的风采。我能想象到这一次展示对于整个团队意味着什么。这意味着会让每位数学教师齐心协力把这块品牌擦得更亮,这也意味着品牌的力量在他们每个人身上将会体现得会更加强大,这还意味着我们的数学组将会向着更高的目标迈进!

【陶继新】"当场做出决定"的弦外之音是，开始的时候未必想到由你们学校来承办市的数学教研活动现场展示，可是，由于现场太过精彩，有了无可争辩的理由。这对你们学校来说，当是一个惊喜，也是一个新的挑战；对于数学组来说，当是一个荣耀，也有了一个更大舞台的展示可能。这会让他们更加努力，更加在品牌上下工夫。下一个学期的展示，不但要精彩，还要更有特色，更有品牌效应。世间有一个看不见的规则，那就是"种瓜得瓜，种豆得豆"。数学组的教师们每天在播种，收获也就在情理中了。同时，它也向其他学科组的老师们传递了一个信息，要想自己成长，要想团队发展，要想形成品牌，就必须通过奋斗来实现自己的理想。当全校的教师都在努力，都在打造自己的品牌的时候，学校的品牌不也就形成了吗？

【房彩霞】"一枝独秀不是春，万紫千红春满园"，一个品牌学科打造不出营东小学所有的教师，也打造不出学校这块品牌。但是，如您所言，当全校的教师都在努力，都在打造自己的品牌的时候，学校的品牌不也就形成了吗？所以，在打造数学学科的同时，我们开始加大对其他学科的打造力度。又如我校的英语教研组，在学校的全力打造下，英语组的几位青年教师迅速成长起来：他们自己编写教辅材料，帮助学生记忆单词。他们承担起全校英语培训的任务，修炼内功。对于英语组，学校领导给予的仅仅是关注，没有施加任何压力，可能像我们常说的"关注本身就是一种激励"。在这种品牌效应的氛围中，他们认为他们所能做的唯有发展，发展已

情暖校园

经很自然地成为了一种内在的需求!这就是品牌学科对教师潜移默化的影响吧。在几年内,英语组先后荣获"济南市优秀英语教研组""济南市巾帼示范岗""国家外语教学实验学校""全国首批中小学外语教研工作示范学校"等荣誉称号。目睹英语组的发展,我不得不再次由衷地感叹品牌的力量。如今,我校的美术、体育等多个教研组在一天天成长。我们会坚持,让"亮出你的品牌"成为发展的内驱力!

【陶继新】品牌形象是可以产生影响的,正向能量是可以积极传播的。绝大多数教师都希望自己能够成为优秀者,更希望自己属于品牌团队中的一员。所以,当有团队形成品牌的时候,也就有了可以学习的榜样。而且,学则进,学则得。当从学中体验到自己所进所得的时候,也就有了学习的动力。如果再有了展示的机会,就更会激发起学习的动力。其实,人人都可以走向成功,每个团队都可以打造自己的品牌。只不过有的教师没有持之以恒地在通向成功的大道上,有的团队没有形成合力共进的态势,所以,有的就半途而废了。相反,如果再大的困难也能克服,再大的挫折也能坚持,再苦再累也一往无前,就一定可以抵达成功的殿堂,领略那份特殊的快乐与幸福。这种感觉,还会在心里生成一种继续努力,走向更大成功的正向思维。如此循环往复,就有了更好的发展,就有了更优的品牌。

九、行之有道则一切皆有可能

【房彩霞】今天我们谈了许多关于教师培训发展的话题。很多校长都可能有过相同的经历,当我们把自认为对教师的发展具有促进作用的机会提供给教师时,他们的回答出乎我们的意料——不!这时候,其实需要反思的不是教师,而是我们做校长的。静心思考,是不是我们的培训方式有时候过于主观?是不是我们只注重了培训内容,而忽视了我们眼前的教师?一个"不"字背后有太多值得我们去探索的问题!其实,只要我们用心去做,还是可以激发起教师内心的发展的需求的!您说呢?

【陶继新】教师说"不"有不同的原因,作为校长,要分析教师说"不"的原因何在,然后才能对症下药。可怕的是,校长听不到这种声音,抑或听到这种声音依然是我行我素。教师说"不"的内容,大多是有其道理的，校长应当听而改之。不过，有的内容教师未必特别喜欢，可是，对于提升他们的思想与业务水平非常有用，就要做他们的工作，让他们逐渐地感受到校长的良苦用心，感受到那是自己生命成长必需的精神营养。在这方面，您是民主的，也是清醒的，所以，就有了比较理想的效果。

【房彩霞】让每位教师能够拥有从事教师职业的一份成功与精彩是校长的职责。我深知，无论是教师的职业发展，还是学生的生命成长，在这一过程中并非完全按照"时间进化论"这一不变的规程来实现的！有时，某一个"关键性的教育教学事件""关键性触动""关键性知识输入"，常常能够促使我们的师生实现"关键性的一跃"，令我们师生或豁然开朗、或水到渠成、或潜滋暗长……如何让我们的师生能够拥有成长过程中"关键性的一跃"？我知道，能否实现这一目标，校长有责任！所以常告诫自己：只要寻求到有效途径，一切皆有可能！

【陶继新】"一切皆有可能"说得好！这里面内含着一个强大的信念——只要努力，说不定哪个时段，就会出现惊奇。有您这样努力且有思想的校长，有那么多积极向上的教师，在一般人看来的"不可能"，都有可能在营东出现。人是要有精神的，也是要有责任的，有了这两点，加之您所说的"学与思"，就会"一切皆有可能"！

第四章 我爱我家

一、找寻一份归属感

【房彩霞】学校管理工作方方面面，教育教学、总务后勤、安全卫生……围绕这些工作，学校都制订了一系列的规章制度、方法措施。不过有一点，我始终相信：工作需有方法，但是不全在"法"；管理要有制度，但是绝不在"治"！因为方法也好，制度也罢，对于任何一所学校而言，最终还需要人来落实与实施，人在这些方法制度面前，他们始终是第一位的！所以，在"法"上动脑筋的同时，更重要的还应该在"人"上下工夫！

【陶继新】人是第一生产力，也是学校发展的关键。调动教师的积极性，让他们自觉自愿地去工作，学生成长也就有了可能，学校也就有了大的发展。制度是人制订的，方法也是人发明的，人处于积极与消极状态，即使制度与方法完全一样，效果也是迥然不同的。所以，您说在"人"上下工夫，当是抓住了学校管理的核心。

【房彩霞】有句话可能您也听说过：生产力的高低完全取决于员工的愿不愿意，从某种程度上讲，"我愿意"就等于"生产力"。这在企业管理中非常流行的一句话。对于这一逻辑，相信没有人会怀疑，因为这实在是一件随时随处都可以证明的问题。企业这样，学校亦如此，所以在营东小学，教师始终是我工作的着力点！因为我深知：教师的工作状态就是学校的教学质量！

【陶继新】自愿与被迫状态下的工作，为什么效率高低差异那么大呢？因为人在自愿状态下工作的时候，心理是愉悦的，积极的，工作起来不但干得好，而且干得快，甚至会出现"工作是最大的休闲活动"（特蕾莎修女语）的情景。相反，在被动状态下工作者，心理是压抑的，消极的，工作起来不但干不好，而且也干得慢，感到工作就是一种折磨，一种痛苦。所以，有智慧的校长，都在想方设法地让教师愿意干。当教师都主动积极工作的时候，校长即使不在场，照样可以取得很好的教育教学效果。

【房彩霞】特蕾莎修女所言的"工作是最大的休闲活动"怕是每位校长都在追求的终极目标吧。要提高老师的工作状态，我觉得让老师们找到归属感非常重要。特别喜欢《我爱我的家》这首歌："让爱天天住你家，让爱天天住我家，不分日夜秋冬春夏，全心全意爱我们的家，让爱永远住我们的家，让爱永远住我们的家。"这首歌在我校的很多创意活动中都被定为主题音乐循环播放。其初衷就是希望强化老师们的这样一种意识：营东是我家，营东是你家，营东是我们共有的家！

【陶继新】有人说，家是一个温馨的港湾，在这里，可以遮风避雨，可以安全无忧，可以互诉真情。学校，就应当成为这样的家。彼此之间，不是相互排斥，而是互相帮助；不是成人之恶，而是成人之美。这样，每一个教师，不但心情是愉快的，工作也是高效的。因为全体教师已经融入这个家里，融入到了优质成长的环境里。这样，老师们不但会想自己的小家，也会想着学校这个大家。《周易》有言："二人同心，其利断金；同心之言，其臭如兰。"在同心同德爱这个家的时候，也就有了更大的力量，学校也就有了更好的名气，教师也就有了更多的自豪。

【房彩霞】把营东小学打造成一个温馨的港湾，为老师们遮风避雨，置身其中，可以安全无忧，可以互诉真情，这一直是我内心的渴望，更期望"我爱我家"能够成为大家共同的期盼。于是，营东的老师们看到了这样一段肺腑之言："走进这座校园，我们也就成为了营东这个大家庭的一员，那就让我们像热爱我们的家庭一样热爱营东小学吧！视学校发展为己任，校荣我荣，校耻我耻——致营东小学全校师生。"这是很多年以前写在学校老

情暖校园

校门厅入口处的一句话，它摆放在教师每日出入校门的必经之处。虽然因为风吹日晒，字迹早已褪色，后来因为搬新校，写有这句话的牌匾已经被收藏，但对于营东小学的老师而言，这句话早已牢记在心，日久弥深！一位曾经在我校实习过的教师到营东见到我说："我每次来营东都要看看门口这句话，实习的时候这句话让我曾经很感动，现在我虽然没能在营东工作，但是每次来营东我都有一种说不出来的亲切感！"一位曾经在此实习的教师都能有如此的感觉，更何况营东的教师呢！

【陶继新】看到"视学校发展为己任"这句话，令我想到孔子高足曾子所言："士不可以不弘毅，任重而道远。仁以为己任，不亦重乎？"一个教师，如果有一个宏大的志向，将自己的成长与学校的发展联系在一起，不但对学校做出了贡献，自己的人生价值也提升了。有名气的老师，尽管与其自身的奋斗有着关系，可是与学校也是分不开的。学校是其成长的沃土，学校为其提供了成长所需的营养。人要学会感恩，教师尤其要会感恩。感恩学校，不但有了高尚的品位，也会得到学校更大的支持。于是，名师会进入到良性的发展圈里，学校也会因其有名而拥有一定的知名度与美誉度。从而实现了个人与学校共同发展。

【房彩霞】有言之：涓涓细流归大海，汇入大海力无穷！如您所言，当所有的老师都找到归属感时，它所产生的磁场不可估量，真的可以凝聚成一种力量，对于教师个人的发展而言，这无疑是巨大的助推力了。而对于学校而言，则是学校兴旺发展的不竭动力！因为当一个教师把自己的命运和学校系在一起时，他对学校的期望便是对自己的期望了！学校的荣誉会生成为他个人的成就；同样，学校的失意便会转化为他个人的自责了！若能如此，又何患学校不发展呢？

【陶继新】每一个教师都有发展的潜能，甚至是巨大的潜能，可是，如果没有给其提供发展场，这些潜能就有可能难以发挥出来。好的学校，则有这样一个场域。您在做校长期间，就一直在营东小学为教师创建这种场域。当教师意识到因为学校发展自己才能更好发展的时候，因为自己向上学校也更能发展的时候，就有了一份沉甸甸的责任感，就有了如您上面所说的"校荣我荣，校耻我耻"的荣辱观。当绝大多数教师都如是想，都如是做的时候，学校没有不腾飞的。而身处其中的教师，也会因之而走向一

第四章 我爱我家

个更好的境界。

二、目标总在不远处

【房彩霞】因为深深地认识到归属感潜在的巨大力量，所以在我担任营东小学校长期间，我一直在用心让学校门口的这句话落到工作的实处，而非纸上谈兵。毕竟，让思想真正落地，工作才会见到实效。让老师们找到归属感有许多渠道，我想除了靠校长的力量感召人，靠学校文化造就人，靠感情维系人，靠待遇吸引人，还要靠随时提出新的学校发展目标来激励人。近几年来，对于不断靠目标来激励教师我感受颇深。

【陶继新】感到学校在发展的教师，大都有一种自豪感与自信心，且会由此增添一种主动向上的能量。当有一批教师都有了这种能量的时候，您所制订的发展目标也就自然实现了。当学校有了一次又一次飞跃的时候，就会在教师的心里不断地激起向上的动力。于是，个人成长与学校发展，就紧紧地维系在一起了。有了这种动力支撑的归属感，学校没有不快速发展的，老师也会感受到自身价值的实现，以及生命的意义。

【房彩霞】近几年来，营东小学一直坚持不断提出新的目标来激励教师，当一次又一次的目标变为现实的时候，教师的归属感也就日益强烈了。平时也有耳闻，有些校长觉得学校的发展到了一定时期，好像便没有了方向，趋于听之任之了。其实只要坚持探寻学校自身的发展轨迹，任何一所学校总可以随时找到适合自己的发展方向，提出某个阶段内的发展目标的。有时，一次准确地把握，即可让学校在短时期内迈上一个新的台阶。

【陶继新】一个教师的发展，不能停留在某个固定的发展目标上。所以，大凡特别优秀的教师，都会为自己的成长制订一个生命成长规划书。有远期的，也有近期的，还要根据发展的实际情况调整发展目标。这样，永远有目标，永远有动力，永远有成长。学校也是这样。要制订近期远期发展目标，也要有根据新的情况制订出来的新的目标。从而让教师看到，学校一直在发展着，一直有一个美好的目标在前方向其招手。当教师的成长目标与学校的发展目标有了一种内在契合时，就会出现意料不到的奇观，那就是学校有了超越想象的发展，教师也有了意想不到的飞跃。

三、顺利合校　2008 缔造一份和谐之美

【房彩霞】在最近的三五年中，营东小学一直在爬坡，我与全体营东人共同经历了合校以及分校办学的过程。回顾我们走过的路程，细数经历的教育故事，我们大家感慨颇多。这一历史阶段留给我们的有拼搏的汗流浃背，有收获的喜笑颜开，而留给我们印象最深的却是"一个个美好的目标不断地在前方招手"。2008 年，是每个营东人永远铭记的日子，在这一特殊时期，营东人达成的特定历史时期的发展目标为：静心聆听和谐之音，共同缔造和谐之美。精诚合作，实现跨越！

在我们的见证中，合校后的营东小学在一天天变化着，营东的校园在改变；营东的学生在改变；我们大家也在改变！有一种美，不说自明，我知道我们大家一直把它深藏在心底，那是一种和谐之美！这份美丽能够充盈在我们工作中的每一片空间！在所有营东人的共同努力中，大家的归属感日益强烈，形成了巨大的发展助推力。在这一特殊时期，学校非但没有出现之前大家所预言的"发展低谷期"，反而实现了跨越式发展。我想，这与合校之初我们发展目标的提前达成是分不开的。

【陶继新】和谐不但是一所学校发展的基础，也会为学校发展积聚巨大的能量。当然，这里的和谐，不是你好我好他也好的不讲原则的乡愿式的老好好，而是有着道德支撑的中庸式的高品位的和谐。您与老师们在追求一种心灵的和谐，环境的和谐，发展的和谐，当是高品位的。没有心灵和谐，彼此就会闹矛盾，就会出问题，甚至身体也会不健康。所以，心灵和谐当是一个人生存与成长的基石。老师们心灵不和谐了，学校就不可能再行发展了。整个学校环境的和谐，不但会让学校变得让人感觉它有一种内在的美，有一种特别舒服的感觉，且会在这种感觉中，有了优质的生命质量。发展的和谐极其重要。有的时候，发展会破坏平衡的，求新就可能弃旧，甚至可能触动一些人的利益。可是，不发展就不可能让人看到希望，看不到希望就会心灰意冷，长期下去，就会凝聚成一种消极的能量，严重影响学校的发展，甚至会让学校倒退。可如果发展符合教师与学生的意愿，发展会给他们带来精神上的升华，会让他们看到美好的希望，就会生成一

种群体的力量，且会和谐而自由地发展。这样的和谐，就有了更多的正向能量，就有了更大的发展潜质。

【房彩霞】正如您所言的这一"正向能量"助推着营东小学的发展，经过了两年多的磨合，我们大家也都轻松地舒了一口气，然而，刚刚经历了2008年的合校，2011年营东小学又迎来了新的挑战——开设分校，我校成为了槐荫区第一个分校办学的试点学校。我们大家相互之间开玩笑说："营东的发展真是应了中国的一句老话，'分久必合，合久必分'啊。"在迁入新的校址之前，大家轻松开玩笑的同时，更有了一份负担，我们又开始了新的思考：分校办学，营东又该确立怎样的目标呢？陶老师，您刚才所言极是：求新就可能弃旧！刚刚营造起来的和谐氛围会不会因为分校办学所确立的新的目标而功亏一篑？难怪有人说：营东小学真的是在一路思考中前行啊！

【陶继新】在您身上，感到有一种温馨且向上的气质，我称之为真正意义上的正能量。有的人也有本事，甚至满腹经纶，可是，说起话来气势夺人，做起事来唯我是举，让人非常不舒服。这样的能量，不可谓不大，可是，不属于正能量。拥有正能量者，是有大才大志者，但是，又不是骄横者，而是文质彬彬型的，属于"谦卦"的范畴："有大者不可以盈，故授之以度谦。"《周易》八八六十四卦，谦卦最为吉祥。营东小学一路发展，能到今天，的确不太容易。如果没有一种正能量凝聚人心，休说发展如此之好之快，就是原地不动不出问题都是很难的。所以，我非常欣赏您，觉得您是一位真正意义上的名校长，是一位很有发展潜力的名校长。营东小学，会因您这位校长的智慧与努力，发生一次又一次变化乃至重大变化的。

四、开设分校　2011秋日里的美丽绽放

（一）镜头之一：签名墙上　书写新的希望

【房彩霞】陶老师，您的赞美真的让我汗颜，我没有您所言的"大才大智"，不过，我有一份对营东小学深深的热爱。自1991年至今，我一直工作在此。我曾经和许多老师说过"我深爱营东小学这一片沃土"，其实在话

语间，我传递的还有这样一个信息：对于营东小学我和老师们一样有着一份强烈的归属感！归属感对于校长也非常重要！

怀着对新校的一份热爱与憧憬，在一路思考中，我们迎来了2011年10月8日，这一天，定将成为营东小学历史中的又一里程碑。这一天，伴随着新校区的正式启用，营东小学迎来新的机遇和契机，开启了新的成长与超越。前期思考的基础上，我和"左岸"工作室的成员精心策划了"秋日里的美丽绽放"新校启动仪式，在这一启动仪式中有许多让师生终生难忘的镜头。

镜头之一：10月8日清晨，我们准备了多块设计精美的"签名墙"，我们要让所有的老师参与其中，共同见证新校区的启用。在教学楼旁的签名墙上，老师们纷纷把对新校区的祝福写下来，幸福地签上自己的名字——"快乐成长，不断超越""爱无极限，情暖营东""树浩然正气，育莘莘学子"……一句句发自心底的祝福，一行行真情流露的希冀，感动着营东，也孕育着新的希望。我相信，在他们提笔之时，一份强烈的归属感已经在新校启动的那一刻由心底而生了！

【陶继新】要想在你所从事的工作中做出贡献，首先就应当热爱它。没有这份爱，非但不能取得大的成绩，而且有可能做不好工作。从这个意义上说，您对工作的热爱，成就了您自己，也发展了学校，也引领了教师对教育工作的爱。一个校长，可能有三种状态，一是当成官来做。那样的话，就不可能有多少思想，也不可能太爱教育，结果呢，学校不可能更好的发

第四章 我爱我家

展，自己也会游离于教师之外，成为一个不被教师看好的"人上人"。二是事业型的。这样的校长，关注学校的发展，也关注自身价值的实现，学校也多有一定的发展。三是志业型的。即将自己的生命融入到事业之中，工作起来有一种其乐无穷的感觉。这是最高层次生命状态。这种状态不但会让自己实现生命的飞跃，也会让更多的教师走向爱事业且快乐的境界里。几次见您，总是看到您那么快乐地笑着。其实，我知道，您的工作非常紧张。可是，您并不感到苦，而是感到乐。因为从这些紧张中，您的理想实现了，您对事业的爱有了美丽的结晶。所以，累虽累矣，收获亦大，幸福亦多。

签名墙上不只是留下了老师们的签名，也留下了他们对学校的期望与厚爱。他们也与您一样，亲历了营东小学的发展，甚至有过痛苦，可是，他们更有收获，更有喜悦。特别是看到学校由小变大，变得更有品位，就在心里栽种了一颗美丽的种子，就有了特殊的喜乐。而这份心境，又会化作继续努力、更加优秀的内在力量。有了这些力量，学校还会继续演绎辉煌，还会迎来更大的收获。

（二）镜头之二：成长手册　见证学生一天天成长

【房彩霞】我相信，您所说的这份力量对于学生们也一样适用，让学生们喜欢他们的新校园也是不可忽视的。所以，也就有了新校启动仪式中的镜头之二：10月8日清晨，迎着第一缕阳光，学生们兴奋地走进新校区，整齐的路队，整洁的仪表，小交警和值勤师生的认真管理、家长志愿者的如约而至彰显了营东的风范。新

情暖校园

校门口硕大的红色拱门平添了几分喜庆,校园里四处回荡的欢快乐曲喜迎每一位学生的到来。对于学生们来说,这是最快乐的一天,因为他们不仅搬进了新校区,还领到了两份特别的礼物,一份是学生们都喜欢的巧克力,这是学校为全体营东学生准备的新校生日礼物;另一份珍贵的礼物是学校精心制作的《成长手册》,鼓励学生们记录在新校区的点点滴滴,通过手册,他们每天都可以温习"每日醒言""营东学子的12个好习惯",将自己的进步与不足清晰地记录下来。《成长手册》见证着营东学子和他们的新校区共同成长。

【陶继新】学生们也会更有能量。因为教师有了能量之后,他们会向学生们传递。当然,学生们向上的能量,也会反作用于教师。这就形成一种优质的"互文"。同时,新学校有新的优势,它更加美丽,更有新气象,它让学生有了"旧貌换新颜"的美感。这对学生来说,就更容易形成优质的情绪,集聚正向能量。而这种能量不只是表现在当下的快乐上,还会延伸到日后的学习中,生活里,还会让他们为这个新的学校之美感到自豪,去体验那种"苟日新,日日新,又日新"的美好。作为校长,当您看到这种景象的时候,一定会发自内心地感到特别的欣慰吧?因为您的希望与期盼,您的努力与奋争,不但有了实实在在的校舍,更有了一个个学生流淌于心中的快乐。学生是应当有一个美丽童年的,你们,不正是为学生们构建一个更加美丽的童年家园吗?

(三)镜头之三:创意拼图　寓意一个也不能少

【房彩霞】我想,可能最让大家难忘的,应该是下午四点在新校多媒体教室里举行的"秋日里的美丽绽放"庆典活动。镜头之三:深情回顾。10

月 8 日上午，全校教师每人都领到了一张写有标号的小拼图，下午庆典正式开始之前，全校教师按照标号用手中的小拼图共同完成了一张大幅的拼图——营东新校区的图案。缺少任何一位教师手中的小拼图，这张图案都是不完整的。这一设计用当天主持该庆典活动的陈娜主任的话来说，就是"营东小学无论什么时候都一个不能少"，寓意着我们全体营东人都是这个大家庭不可缺少的一部分。在庆典活动中，我深情回顾了自 1989 年建校之后，营东所走过的 22 年，回顾了营东人如何一起迎接每一天的灿烂朝阳，一起书写"爱拼才会赢"的营东精神。在重温营东小学的发展历程时，台上的我始终眼含热泪，而台下的老师们也几度泪眼蒙眬。在 1989 到 2011 这个年轮的跨度中，总有一个数字会成为某个老师永久的记忆，因为在这一年，她或是他走进营东小学，成为了这个大家庭的一员，而 1991 年则成为了我永远抹不去的记忆！虽然，我们每个人陪伴营东小学所走过的时间的长度不同，但是，我相信，我们投入的热情与情意却是相同的。"共同走到了今天，我们每个人又该向着什么方向而努力呢？"我相信那天的深情回顾一定打动了每个人，也让每个人开始了新的思考。

【陶继新】你们的这个庆典活动开得既有意义又有特色。这不仅仅是一次活动，它让大家的人心更加紧紧地团结在一起，让大家更加明白一个道理：在营东小学，任何人都是重要的，少了一个人，就无法绘制这张特殊的"图案"，也无法绘制明天更加美好的"图案"。可以说，每一个人都自觉不自觉地融入到了这个大家庭之中，都因这个家园而有了美好的今天与

情暖校园

明天。所以，它不仅是一种形式，更有内容；它也不仅因为您的感情流动，也有大家感情之水与您和谐。有了这样一支团结和谐的教师队伍，不仅可以绘制更多更好的"图案"，也可以完成一个又一个重大的使命；有了这样一支优秀的教师队伍，学生也会更加"敬业乐群"，更加"博习亲师"；有了这样一支积极向上的教师队伍，不但可以创造营东小学过去的成就，更可以创造营东小学辉煌的未来。

（四）镜头之四：新校展望　期待明日的绽放

【房彩霞】我始终相信，我的老师们在内心深处与我是相通的，他们都期望着举全校之力共同完成明天更加美好的"图案"。当然，实现这一目标是需要一定的前提的，那就是必须让所有的老师先要明确目标而后行之。于是，就有了镜头之四：新校展望。在庆典的最后，我说了这样一段话："在这个美丽的秋日里，我们迎来了新校区的启用，也许今天说'秋日里的美丽绽放'还有些为时过早，但是它应该成为我们每个人跨入新校后内心的渴望。"在庆典活动现场特有的气氛中，我们对于学校新的发展目标达成了共识："开设分校从形式上来看，虽然多了一个校区，师生分成了两部分，在不同的校区工作学习，看上去更像是 $1\div2$ ，但从今天开始，'如何把 $1\div2$ 做成 1×2 '是我们新的发展目标与努力方向……"庆典活动虽然结束了，但是一个美好的目标却又开始在前方向我们招手了——如何把 $1\div2$ 做成 1×2 ？我相信，只要每个营东人都明确了明天的发展方向，正向能量不断集聚地情况下，在同样的办学理念之下，营东小学的新校区一定会呈现给大家新的文化，真正的绽放是指日可待的！

【陶继新】"如何把 $1\div2$ 做成 1×2 "是一个新的命题，在一般人看来，这可能是一个空想。可是，您又认为是可以实现的。从学校教师与学生来说，确实是一分为二了。可是，这个整体并没有一分为二，相反，更加团结，更加和谐，更加积极了。人的能量是很大的，可是，有的时候这种能量会被压抑，或者调动不起来；如果这些能量处于积极活跃状态，且加以有效地调动，就会更好地施放出来。如果人人都能施放这些正能量，就会形成一种能量场，就会出现 1×2 的景观。前一段时间，我去河北衡水中学采访，感到那里就有一个精神气场。为什么这个经济欠发达地方的一所学

第四章　我爱我家

校，多少年来，都能创造高考的神话，今年竟然有 90 个学生考上北大清华，20 名学生被香港大学等港校录取（港校今年在河北共录取 29 人）。21 名学生被国外高校录取，其中美国 5 人，法国 2 人，澳大利亚 1 人，新西兰 8 人，新加坡 4 人，加拿大 1 人。3 名学生被中科大少年班录取，1 名学生被中科大创新班录取（2005 年以来衡中共为该校输送了 17 名小天才，位居全国前列）。381 名学生被提档线前 10 名高校录取（理科 660 分以上，文科 627 分以上）。817 名学生被提档线前 20 名高校录取（理科 640 分以上，文科 618 分以上）。33 名美术特长生被中央美术学院等高校录取，14 名音乐特长生被中国音乐学院等高校录取，6 名舞蹈特长生被北京师范大学等高校录取，45 名播音主持、编导特长生被中国传媒大学等高校录取，20 名体育特长生被北京体育大学等高校录取。

经过认真的研究，特别是与其校长张文茂深入交流后，我恍然大悟：衡水中学有一个精神气场，就是人人都有一种向上的能量，人人都鼓励大家积极向上，所以，就出现了 1×2 的景象。而不少学校，人与人之间是不和谐的，是彼此抵触的，所以，也就出现了 1÷2 的现象。

我觉得，你们这所学校就有一个精神气场，人人都有能量，人人都将这种能量释放出来，让学生也有了这种精神能量。所以，您的理想不是空想，而是可以变成美丽的现实的。

【房彩霞】 经您这么一介绍，我真的很想去拜访张文茂校长，与之相比，我们学校真的是"小巫见大巫"了。我相信您所说的，只要有团队的地方，就会有精神气场存在，只要有了明确的方向，任何事情都有可能发生。特别喜欢您上午说的"一个个美好的目标不断地在前方招手"，喜欢它的原因不仅仅是这种表达的方式，还因为它特别贴近营东小学这几年的发展。近几年来，我越来越深刻地认识到：一个清晰的发展目标会让学校的工作由无序变为有序，使全校由忙忙活活地应付改为扎扎实实地实践；同时，一个清晰的发展目标让人心再次积聚，使全校达成共识、认知同构，校长的目标也就变为了所有教师的目标。不定期的深思熟虑，都是一个由不一致到一致的发展过程，使得不断有新的目标成为学校所有人共同的价值取向！在小小的发展目标上作出"文章"，即可让老师们找到归属的感觉，将全校教师紧紧凝聚在一起。

情暖校园

【陶继新】 张文茂校长在全国高中校长中卓然独立，很不一般。7月27日下午，我在聊城大学为聊城市400多名中小学校长作《治校之道——36位名校长的精神档案》报告，当张文茂的照片一出现在我的ppt上时，几乎都惊呼起来了。他有很多一般校长没有的品质，也有一般校长没有的智慧，很值得学习。特别是调动教师的积极上，他是下了大工夫的。比如，为了和国际先进教育接轨，学习国外先进的教育经验，在更广的范围内提升老师们的素养，他们还分批次选派师生300多人，前往英、美、日、韩等10多个国家考察学习，或从事教育教学。再如，先后举办了6届集体婚礼，有40多对新人参加了集体婚礼。每届集体婚礼学校都邀请市领导参加。为了确保把集体婚礼办成新人们终生难忘的婚礼，每届集体婚礼前，学校都要制订具体实施方案，成立筹备领导小组，下设摄像组、摄影组、服务组、音响组等，新人们什么事都不用管，什么心也不用操，事无巨细，都由学校考虑安排，学校以细心、用心和真心，给了新人"家"的感觉。集体婚礼，大大增强了青年教师对学校的归属感和自豪感。有的青年教师新婚后，发表了自己的"结婚感言"——"在衡中，娶个媳妇儿也太容易了！"

不过，我觉得，您的管理与张文茂校长有异曲同工之妙。那就是特别关注了教师的幸福感与发展潜质的开发。在教师发展方面，您是做足了"文章"的。老师们有了很强的归属感，也就有了发展的强烈需求。您的很多创意，是一般校长想象不出来的。我从您身上，看到了一个年轻校长所蕴藏着的巨大潜能，以及在您引领下的教师队伍创造奇迹的能量。我有一个建议，您在与全国小学名校长联系的同时，可否也与中学名校长进行交流？陆游说："功夫在诗外。"在全国初中与高中校长中，有一大批很有思想与品位的校长。您与他们交流的时候，可以将您的经验介绍给他们，也可以将他们的可取之处学来为我所用。这样，您就有了超越一般小学校长的视野，就有了创造更大神奇的可能。

五、让每个细胞都活跃　让每个大脑都思考

【房彩霞】 陶老师，上次因为手机故障原因错过了初中与高中名优校长

的报告，一直深觉遗憾，也恳请您有机会替我引荐，让我"拜师学艺"。自知孤陋寡闻，需要学习的东西太多了。虽然没有亲自感受衡中的教师集体婚礼，但感同身受，知道那一刻，一个"家"在衡中人心中的分量，更能想象得到"家"这个普通的字眼在衡中人心中得到了怎样的升华！真的很震撼！曾经还有些沾沾自喜，真的知道了什么是"大家"作出的"大文章"。虽然汗颜，但是我的"小文章"还得继续往下写，呵呵。

【陶继新】您总是这么谦虚，令我感动。营东小学 20 多年的教育教学经验，已经将您锤炼成一个很有思想与品位的校长。您说是做"小文章"，其实，没有"小文章"，就不可能做成"大文章"。况且，您所说的"小"，是在形上，质上并不小。您在继续书写"小文章"，也在收获更大的成果。

【房彩霞】我觉得让老师们从情感上做到"我爱我家"很重要，更重要的是让老师们用实际行动去热爱营东这个大家庭。几年以前，在营东小学"我用我眼看营东"成为了一个被提及率很高的话题，它作为我校教师审视学校方方面面管理工作的一个固定栏目逢会必提。在教师会上增设该版块的初衷是增强每位教师的主人翁意识，从教师的视角于细微之处去观察学校，每星期一由一个级部集中反馈，审视学校方方面面的管理现状，去发现优点与不足；观察本级部或其他级部的工作状态，交流经验，取长补短。

【陶继新】"我用我眼看营东"很有价值，它不仅让所有的教师都关注学校的管理工作，让他们都能为学校的发展出谋划策，而且，正是在这个过程中，增强了大家的主人翁意识。渐渐地，如何让学校更好发展的思考就会定格在教师的心里，就会诉诸行动。一个校长再聪明，如果只是他一个人在管理学校，也是不可能管理好的。而有了全体教师的管理，学校管理就会变得相对轻松。

【房彩霞】"我用我眼看营东"就是让营东小学的每个大脑都思考。我校付传平老师曾经在"我用我眼看营东"的版块中这样说过："老师们都说咱们学校的管理很人文，我个人认为，学校实行人文化管理，作为老师更应该严格要求自己，而不是在工作中放松对自己的管理。"当时，付老师是一位年近五十的老教师，虽话语朴实，但还是打动在场的许多人，我也在其中。虽然这件事情已经过去很多年了，但是我仍然清晰地记得坐在台下的我当时的感受。我当时在想："如果此刻坐在台上的是我，是一校之长，说着同样的一番

情暖校园

话，效果又会怎样呢？"毋庸置疑，结果一定会相差甚远。我说这番话定会被视为"说教"，而出自教师之口，则是"理解"，理解万岁！或许付老师的话会招致个别教师的不满，但是绝大多数老师还是认同的，因为她"心中有家"，她希望每个人都能够热爱大家共同拥有的这个"大家"。我想，正是因为视学校发展为己任，老师们才会有如此的言辞出口的。

【陶继新】付传平老师所讲的话，不只是他一个人的感受，也是绝大多数营东小学老师们的感受。人文固然很好，可是，如果没有了制度约束，没有了自我省检，人文就会光彩尽失。爱自己的学校，应当像《大学》里说得那样："如恶恶臭，如好好色。"不应当是一种外在的要求，而应当成为一种自然的行动。其实，一个爱学校的教师，也会得到大家的拥戴；相反，一个不爱学校的教师，也不会得到大家的尊敬。而且，爱与不爱，不是说在口头上，而是写在行动中的。有的人不爱学校，却说得天花乱坠，自以为别人不知道，其实，"人之视己，如见其肺肝然，则何益矣？"所以，每一个教师也是在为自己写历史。当更多的教师书写真爱学校历史的时候，他们也就与学校形成一个和谐的整体，都有了美好的形象。

【房彩霞】细细想来，真的如您所言，营东的发展史上留下来的处处是老师们用真心、爱心与责任心所书写下的痕迹。"我用我眼看营东"让许多教师开始关注学校管理的方方面面，很多教师发现问题之后便及时和领导沟通交流，提出自己的看法建议。例如：在多年以前，因为学校自己供暖温度满足不了需求，所以学校又为每个办公室安装了空调，以改善办公条件，这样一来，学校用电量猛增。我校几位教师便主动找到领导提出使用空调应该规定空调温度，降低用电量，减少办公费用的支出。后来这一建议因为操作有难度没有被采纳，但是出台规定：空调限时使用，做到人走断电，从一定程度上减少用电量。尽管建议未被采纳，但仍使我们领导班子中的所有人感动良久：老师们是在拿着学校的日子当自己家的日子过啊！

【陶继新】老师们的建议尽管没有被采纳，可是，从一个侧面却可以看出，你们学校的教师不只是站在自己的利益角度思考问题了，而是关注了学校的利益。这就有了家的意识，就有了归属感。在这样一件事上如此，在其他方面也会考虑学校的利益与发展。当更多的教师有了这种思想与行动的时候，学校不就是自己的家了吗？当人人都将学校当成家的时候，学校不就越来越好了吗？

【房彩霞】是啊，营东能有今天的发展，正是因为有了一位又一位这样的老师。"我用我眼看营东"老师们看的是管理的现状，看的是教师的师德，看的是学生的状态，于审视间他们看清了许多问题，他们的大脑在为学校不停地思考，与此同时，也逐渐拉近了学校与教师之间的距离。老师们提出的建议中，有一些学校早已列入计划，只是因为条件不成熟尚未实施，但是我们仍然真心感激他们，感激他们为学校的发展费的这份心，出的这份力！更欣喜于他们这种视校为家的责任心和归属感！这无疑是为学校的管理跨越了心灵与心灵之间的一道道门坎！正所谓：管理以事物为中心，但是主轴却始终是"人"！

【陶继新】管理的要义，是理心。心的问题解决了，其他问题也就迎刃而解了。有的校长说，教师太不好管了！我想，原因固然不是单一的，而没有理好老师的心当是一个重要因素。理心不但需要技术与智慧，更需要真心真情。不管校长多么聪明，只要你对教师不真心，没真情，就绝对会被老师们的"火眼金睛"所看透，并回应以让你难管理的思想与行动。您为什么得到了教师的认可与拥戴呢？因为您是从教师队伍走出来的，您知道教师在想什么，需要什么，并与他们进行心与心的交流，用真情感动他们。所以，他们的心理顺了，他们与您一条心了，凝聚到学校发展上了。因此，管理也就容易了，老师努力工作且感到幸福了。

六、温情关爱　提升快乐指数

（一）一张一弛　文武之道

【房彩霞】还真有很多人问过我这样一个问题："营东小学班额大，学生多，老师也多，可是学校各方面工作均开展得很顺利，你们是怎么管理的？"对于这一点，我们的共识则是：强化全员的归属感，爱校敬业！

再来审视学校门口的那句话吧。或许起初放置那一段话的时候，它还只是停留在纸面上的文字，或者可以说还是一种形式。但是过去一段时间之后，当这句话已经从文字化为情感，又从情感转化为行动时，它便不再

情暖校园

是一种形式,而是一种有形的东西了,对于营东大家庭的归属感便已经随处可见了。强化全员的归属感,就是让每个人都产生责任感,让每个细胞都活跃,让每个大脑都思考!让"我爱我的家",有心,亦有行动!

【陶继新】"我爱我的家"内化到老师们的心里,外化出来也就有了一道又道的美丽风景。这就是文化的魅力——"化"。这种属于学校精神文化的口号,有了无限的力量,也有了不断的传播特点。爱不但可以让人感到温暖,也会产生巨大的能量。不断传递的爱,更会生成更大的能量。它不但在教师间流转,也在学生中传递。当爱充满校园的时候,也就有了温馨感,也就有了向上的精神。

【房彩霞】让老师产生较强的归属感,爱校如家,是我们工作的一个着力点;为老师们营造一个温馨而愉悦的家,让快乐与忙碌相伴,这也一直是我校的追求。"提高快乐指数"这是一个非常时髦的说法,不过,我校提出这一点不是为了赶时髦,而是因为这句话的确揭示了一个十分客观的现实:老师们的工作心态与心情直接影响着工作质量!现在已有消息称,衡量一个国家成功与否的最佳指标应该是"快乐指数",而不是GDP。一个"快乐指数"对国家的发展都会有如此之大的影响,更何况对我们一所小小的学校呢?营东的老师任务重,压力大,如何让老师尽最大可能快乐起来——快乐工作,快乐生活,置身大家庭中其乐融融,则是我校管理工作中的又一个着力点。

【陶继新】一个人情绪的好坏,不但决定着其身体的健康与否,也决定着其学习与工作的质量高低。一个天天情绪很坏的人,几乎没有不得病的,甚至有可能得大病;一个天天心情特别好的人,几乎是不得病的。而且,情绪好的时候,工作起来质量相对高,也比较快。尽管有的时候也会累,可是,那是累并快乐着的一种感觉。当绝大多数教师都很快乐的时候,学校工作的质量也一定是高的,学校发展也一定是快的。所以,"提高快乐指数"应当提到校长的工作日程上来。您是很有智慧的校长,深得其中的要道。不但提出这个问题,而且有效地践行着,从而使老师们有了快乐的心境,也有了工作的高效率与高质量。

【房彩霞】让教师努力实现"工作并快乐着"的方法有很多,衡中张文茂校长为青年教师举办集体婚礼,带给教师的幸福感可想而知了,我相信,该校教师的"快乐指数"一定会一路飙升的,呵呵。可能并不是所有的校长都能够有张校长这样的"壮举",但是创设充盈的人文环境,给予温情的人文关怀对于很多校长来说还是可以做到的。而这一点,我认为也正是让教师心情愉快的首要条件,也是让老师快乐起来的最简捷的途径!

【陶继新】对于"温情的人文关怀",可以说人人都乐于接受。有了这种关怀,心情是愉悦的,温暖的。有了这样的心境,不但会更健康,会提升工作指数,也会在教师心里积淀对校长的信任指数。这种指数的攀升,会自然而然地形成一种"士为知己者死"的情结。有了这种情结,教师会自觉主动地工作。更重要的是,也会在班级里自觉不自觉地创设一种关心学生的人文环境。于是,班级也和谐了,学生的学习质量也提升了。

【房彩霞】作为校长,在做某件事情的时候,虽然不敢苛求老师们"积淀对校长的信任指数",但是当老师们给予积极的回应时,还是给足了校长工作的动力。说实话,营东的环境皆为师生而做。人们常说:环境可以改变一个人的心情,我信。在新校区,我们精心设计了多处提高"教师快乐指数"的场所:休闲长廊、秋千连椅、露天亭台……在阳光明媚的日子里,我总能看到老师们三三两两,漫步在休闲长廊,不用走近,只要远观便可感觉得到一份惬意在其中。学校修建的秋千连椅,一来是给营东孩子的童年中留下更多"秋千上的故事",为他们的童年时光增添几分多姿多彩的颜色;二来为老师们提供一个放松身心的去处,晨练累了,可以驻足小憩,工作乏了,紧张的情绪可以在秋千随风的摇摆中得到暂时的放松……快乐由此而生了。那一排秋千连椅就在我办公室的窗外,看到老师们在我的视野中像孩子一样随秋千摇曳,幸福就在我心底。

情暖校园

【陶继新】休闲长廊、秋千连椅、露天亭台，仅听这些名字，就令人不由得展开美好的遐想，更何况那还不是一种想象呢？这些处所，不但可以让教师休闲，还可以让他们有一个更好的心情，也可能会让他们重温童年的快乐，有一段与学生们共处同游的美好时光。老子为什么主张"复归于婴孩"？因为孩子是纯净的，天真的，美好的。教师平时工作有些紧张，当他们到了这些地方，有了孩子般的天真，就有可能进入到一种物我两忘的审美境界。"一张一弛，文武之道也。""张"会让工作更加精彩，生命更有意义；"弛"则让身心处于美好境界，拥有间接性刺激的美丽。两者的交替与融合，才能有"道"，才能有教师的快乐与幸福。

（二）温馨时刻　健康礼包

【房彩霞】看到教师在张弛之间的这份满足，让我们真的越来越喜欢"送快乐"这项工作了。多年以前，学校就为每位在职教师送出"健康大礼包"：一张健身卡，一次全面体检，一份心理健康辅导。尽管教育教学工作任务繁重，但是每周周五下午三节课后，学校都组织老师在学生静校后去"黑骏马俱乐部"健身，让老师们在健身房中强身健体，缓解工作压力，消除工作的疲劳！我们这样做的初衷就是期望改变老师们的工作与生活状态，改变生活质量，让老师们学会工作，学会生活！而且这一做法是带有强制性的，要求老师集体健身，有专人记录考勤，努力实现工作、生活因为健康而美丽的目标！

迁入新校址后，我校在新校区专门开辟了一个空间投资建成了教师健身房，内设跑步机、综合训练器、举重架、登山机、磁控车、踏步机、按摩椅、划船器、腹肌板、美腰机、瑜伽垫、健身球等器械，人们都说培训是学校给予教师的最大福利，我想，除培训之外，送健康应该算得上是最受大家欢迎的福利了吧。

【陶继新】健康之于教师，当是最为重要的事情。健康是"1"，其他都是"0"。有了健康，再有了事业，可以加一个"0"，总值就是"10"了；有了爱情，可以再加一个"0"，总值就是"100"了；有了钱，可以再加一个"0"，总值就是"1000"了。如此等等，越加越多，这个人的幸福指数也就越来越高。可是，一旦健康这个"1"没有了，所有的增值都成了

"0"。所以，我觉得，教师那种"春蚕到死丝方尽，蜡炬成灰泪始干"的牺牲精神，总是有种悲怆的感觉。教师，不应当是教育的牺牲品。他们不但是智慧与思想的传递者，还应当是非常健康者。为此，就要让教师学会健身，学会快乐，学会享受幸福。您所做的这些，都是为教师健康增值。这一点儿不比培训的重要性差。一个不重视教师健康的校长，不管其如何兢兢业业，都不是合格的校长；既重视教师的人格生成与教育质量，也重视他们的身心健康者，才是真正意义上的优秀校长。

【房彩霞】健康之于任何一个人来说，都是第一位的。身为校长，我自己也是深有感触。于娟的《为啥是我得癌症》一文的备注语即是：不管什么行业，都请读完。关注自己的健康，关注家人的健康，关注他人的健康，应该是时下每个人的职责了。当然了，心理健康更加重要，而快乐是最好的催化剂。我校的"温馨时刻"也是很受老师们欢迎的活动，教师的集体生日为工作中的校园平添了几分家庭生活的色彩，在烛光照耀下，老师们手捧学校赠送的蛋糕卡与写满全校教师祝福的亲情卡倍感幸福，激动之情溢于言表！这些都是教师快乐的源泉！

【陶继新】健康的灵丹妙药是心灵快乐。你们的"温馨时刻"不只是为教师过集体生日，更是为他们的心灵装载了幸福。他们在这个时刻，感受到了来自学校从领导到全体教师的关心。一个人的心情，跟周围人们对其关注与关心的程度有着很大的关系。当人人都关注与关心你的时候，你不但感到了你自己存在的意义，更感受到了温情无处不在，幸福包围着你。而且，快乐心境也是可以传播的。一个人的快乐，可以传播给其他人；更多人快乐了呢，就可以传播给更多的人。当人人都快乐的时候，人人也就健康了。

（三）娱乐总监　快乐缔造

【房彩霞】陶老师，记得上次对话时，我曾经和您谈起，我们的"左岸"工作室还是教师快乐的缔造者，为此在工作室成员中还专门设了"娱乐总监"一职。自成立以来，陆续推出了"爱唱才会赢""甜甜蜜蜜又一年""娱乐版庆三八""谁说女子不如男——别样的拔河比赛"等创意活动，帮助教师释放工作中的压力，宣泄心中的紧张情绪。

陶老师，不怕您笑话，在这些娱乐活动中，我经常"自毁形象"，说方言，写歪诗，逗大家一乐。说给您听听？

【陶继新】 学校有"娱乐总监"？这会让人顿生新奇之感。如果不是特别关注教师的快乐，是不可能有这样的创意的。而且，不但有其名，更有其实。走进这些快乐创意活动中，真有一种"宠辱皆忘，把酒临风，其喜气洋洋者也"的感觉。忙碌没有了，烦恼没有了，有的只是狂欢与快乐。

真想看看您是如何"自毁形象"的，那一定是极其精彩的。不但会让老师们开怀大笑，还会将富有创意的幽默蕴在其间。而且，正是在这个时候，您自己感到已经不是校长了，而是全体教师中的一员；老师们也不把您当成校长了，而是当成与他们同心同乐同"出丑"的朋友了。

【房彩霞】 那我可就献丑了！看过电影《非诚勿扰2》的，都知道扎西拉姆·多多的那首《你见或者不见》，去年的庆"三八"搞笑活动中，我——房彩霞·多多仿写了一首：三八节庆祝版《你见或者不见》（让女同胞快乐的秘笈，谨以此诗献给营东小学女老师所有的老公们和所有在场的男士）。

你见或者不见
——房彩霞·多多

你见，或者不见
家务活就在那里
不增不减
秘笈——扑下身子猛干！

你看，或者不看
购物广场就在那里
不拆还建
秘笈——乐呵呵地掏钱！！

你念，或者不念
孩子就在那里

第四章　我爱我家

多要少要

咱说了不算

秘笈——吃喝拉撒睡全管！！！

你听，或者不听

最高指示就在那里

猛增不减

秘笈——所有事情全部照办！！！！

　　备注：切记！该项工作还有年底大盘点，到时候我和书记挨家督导，督导结果公示在《营东日报》的头版——谁家老公做不到，就叫他跪搓板！

　　呵呵，献丑了，陶老师，虽然现在想想台上的自己实在好笑，但是当时看到现场的热烈气氛，老师们笑得前仰后合的开心劲儿，心里觉得挺值！

　　【陶继新】房校长：看了您的"献丑"之作，简直觉得您就是一个天才啊！这样的"作品"，不是一般人能够作出来的。不但需要技巧文词，还需要结合实际，甚至可以解决一些棘手的问题。我想，当时您的杰作一出，一定会"轰"倒在场全体老师的。如果我在场，听您绘声绘色之说，不但会笑得前仰后合，还会对您对佩服得五体投地呢！

　　同时，如果不是真心想与教师同乐，如果只是高高在上把自己当成官的话，就不会如此"放肆"。只有将心融入教师团体之中，您的创意才能演绎得惟妙惟肖，才能得到老师们的呼应，才能抵达真正快乐的境地里。

情暖校园

（四）感恩父母　寸心聊表

【房彩霞】您可别夸我了，我这样的文笔如果也称得上"天才"的话，那满大街都是诗人了，不过，在老师们和他们的父母眼中，我还是一本正经的时候多一些，呵呵。营东小学每年的"感恩父母专场演出"也是老师们津津乐道的。每次和我提及此事，并发自肺腑地夸我"干了一件好事儿"时，我能感觉到老师们有一份幸福感在内心涌动。连续几年，我校都会在新年到来之际设专场演出，答谢营东小学所有教师的父母，感谢他们一直以来的辛苦付出。

如我在致辞中所言："一直以来，营东小学的老师们早已把学校当成了自己的家。从这一意义上讲，每次的专场演出，也可以称作是营东小学一次家庭大聚会。聚会主题：答谢我们的爸爸妈妈——营东小学的老师们工作忙，压力大。我们在学校工作能够无牵无挂，是因为在家中有疼爱我们的爸爸妈妈。需要加班，有爸爸妈妈替我们照看孩子；回家晚了，爸爸妈妈已经为我们准备好了热汤热饭。其实我们知道家中的父母年纪已大，更需要我们的关心呵护，可是因为工作的原因，总是疏于照顾。学校组织此次活动，一来请爸爸妈妈们观看演出娱乐放松，更主要的是想借此机会面对面地表达一下老师们谢意与歉意。相信此刻我所表达的一定会是全体老师的心声：感谢父母多年以来的默默地付出，感谢父母对我们的支持与呵护。也衷心祝愿营东小学所有老师的父母健康长寿，阖家欢乐，一生平安！"

【陶继新】您的致辞令我动情，字里行间，充满了对家长的感谢之情。每一个在场的家长，都会感到自己的付出得到了学校的认可，得到了校长的褒奖，从而生起一种自豪感与欣慰感。我想，何止于娱乐？从此之后，他们会更自愿更积极地担当起自己的"责任"与"义务"的。同时，在座的老师也会特别高兴，他们要对家长说的感谢词，通过您说出来，就有了更重的分量，更有了品位。他们也会更加努力地工作，更加快乐地工作的。

教师的心安顿了，他们家长的心向着学校了，您这个当校长的心也就放下了。因为老师没有了后顾之忧，可以对工作更投入。

老师的工作，有的可以量化，而有很多是无法量化的。同是教一节课，

第四章　我爱我家

有的备课半小时，有的备课 3 小时；有的对学生缺少爱心，有的全身心地爱学生。教育教学的结果，自然是天壤之别。而让教师不可量化的工作做得更好的方法，就是让他们心甘情愿地去做，干得非常多也很快乐。您不就用了这种智慧，让老师们用心用爱去做教育了吗？

【房彩霞】上班一族，包括我在内，有时候忽视的东西太多了，借此形式，只是聊表寸心，我清晰地看到，每次我致辞时，我父母都在台下擦眼泪。其实，我们做儿女的即便什么也不做，父母也是我们永远的依靠。但是，有的时候，有爱就要大声说出来！我相信，我代表全体教师所表达的对父母们的爱，带给台下白发苍苍的父母们的会是满足。天下的父母对儿女的付出，本是不求回报的，但是，在他们心中依稀也有一种期盼，在演出的当天，可能他们拥有了他们所希望得到的。虽然现场的灯光很暗，但

情暖校园

我仍然能够感觉得到父母们脸上写满了幸福。

【陶继新】父母对于子女的爱，是无私的，圣洁的，但他们也渴望得到子女的精神馈赠。作为孩子，就应当让他们听到自己的敬爱之声，让老人安心、放心、顺心。这，比起给他们买很多好吃好用的东西都重要。这就是孝，这就是敬。《大学》有言："为人子，止于孝。"孔子的弟子有若则说："君子务本，本立而道生。孝弟也者，其为仁之本与？"其实，校长与教师孝敬自己的父母，也给自己的孩子及学生作出了榜样。他们也会"学而时习之"。我们说要让孩子学会感恩，感恩父母就是最重要的感恩。我发现，世间有一个看不见的规则，当你有了感恩之想之行的时候，说不定在哪个生命节点上，还会有一个美丽的回应呢！我感恩过，也接受过这种回应。我孝敬父母，我的女儿也孝敬我。而相反，一个不孝敬父母的人，不管他对自己的孩子多么疼爱，孩子长大成人之后，也多是不会孝敬父母的。因为这种人在平时的生活中，用不孝父母为孩子作出了一个无声的典范，由此在孩子的心里形成了一种不应当孝敬父母的思维定势，到了一定的时候，这个思维就会自动运转。从这个意义上来说，感恩父母，不但是敬爱老人的，也是有利于自己的。

【房彩霞】您所言极是，孝敬老人，无论从哪一角度出发，都是天经地义的事情。其实，我们只是做了本应该做的事情，但是，让我感动的是每次演出结束，我都能够收到来自教师父母的短信，其实学校不过是做了应该做的事情而已。我知道，父母们一定都是从他们的儿女那里知道的我的手机号码，在短信当中，包含的一定也有老师们的一份情意。其实，很多时候，学校所做的并没有期望得到什么，但是老师们却给予我们一份信任与感激，这种回馈，更让我们坚定信念，把快乐进行到底！

【陶继新】教师父母短信的"回馈"，是学校发展的一笔极其宝贵的精神财富。父母是老师们工作的后方"指挥官"，他们工作心向学校了，原本对学校有爱的教师，就会更爱学校，就会更加积极的工作。老师的快乐心境，不但需要学校快乐环境的支撑，也需要优质的家庭环境的支持。当家庭与学校都很和谐，都很快乐的时候，教师的快乐才有根基，才能持久。

【房彩霞】陶老师，我常想，其实，快乐真的很简单：给生病教师的一个问候电话；致新婚教师的一份深情祝福，送获奖教师的一句真诚祝贺。

关爱不在事情大小，不在钱多钱少，只要心中有，都会让教师在人文关怀中感受到工作中的快乐！而在快乐中滋养出来的情绪一定是健康向上的、积极乐观的。如果我们真的都做到了，营东就能够成为教师心情快乐的发源地，那么，老师们又怎么会不热爱这个大家庭呢？

【陶继新】大道至简，快乐亦然。不过，这个简单里面，有您对老师们真诚的关爱。没有这个真，他们就不会感到快乐。真还有一个特点，自然而然，水到渠成，而不是故弄玄虚。《大学》所说的"诚意"是也："所谓诚其意者，毋自欺也。如恶恶臭，如好好色。"看来，您对老师的关爱，不是有意装出来的，而是从心里流淌出来的。它让老师们深切感到在真诚与自然中，有一种特别温馨的感觉。其实，校长与教师之间出现问题，很多是由校长造成的。只要校长真诚待人，教师一般也会真诚对校长的。有了这个真诚，心就平了，气就顺了，和谐也就有了，快乐也就在了。

七、赢在团队　胜在协作

（一）合作共赢　实现新的跨越

【房彩霞】我校在提升教师快乐指数的同时，亦十分重视和谐团队的打造。有言之：一个教师在一个环境中是否有安全感，很重要的因素在于他与学校里其他教师相处得如何。的确如此，因为和睦融洽的同事关系，会使其产生轻松快乐的工作情绪，反之则不然，如果人际关系复杂紧张，便使人产生烦躁情绪。足见与他人的团结协作状况何等重要。为了让每个老师的心都能够在营东小学"安家落户"，我校竭力打造和谐团队，让老师们从心底里觉得：营东是个安全的港湾。如今，"赢在团队，胜在协作"已经成为我们工作中的追求！

【陶继新】安全感是生命存在的重要因素，《小公务员之死》看起来有点夸张，可是，却内蕴着一个深刻的道理：上级领导对下属的不信任，会让下属处于如履薄冰的心理状态中，非但做不好工作，甚至会出现严重的问题。教师在校的安全感的一个重要来源，就是校长的宽容与信任。即使有了错误，他也相信校长会全力帮助他，也许有批评，可是，那是善意的，真诚的。另外，还要有一个心理安全的团队。哪个教师有了成绩，其他教师则有这样的感觉："人之有技，若己有之；人之彦圣，其心好之。"而不是："人之有技，媢疾以恶之；人之彦圣，而违之，俾不通。"有了这种安全环境，学校也就有和谐之风，也就有了发展之势，也就会有更多的名师脱颖而出。

【房彩霞】之所以在许多团队中经常出现"人之有技，媢疾以恶之"的现象，我想这是因为"每个人都渴望成为重要人物，都愿意成为主角"。这应该是一个人的正常的心理。本无可厚非，然而这种心理如果一分为二地来看的话，它很容易引起一个团队当中的恶性竞争。我们常说，对于任何一个团体而言，最具杀伤力的不是来自外部的力量，而是内部的消耗。管理的成功就在于让每个人都感觉自己很重要。和谐的人际关系可以最大限度地减少"内耗"，提高工作效率。在工作中，我愈来愈强烈地感觉到，实现"赢在团队，胜在协作"这一目标最为有效的途径便是——打造团队精神。将教师们的利益"捆绑"在一块儿，让大家奖罚并受，荣辱与共，在协作中加强心灵之间的沟通，在协作中营造和谐的人际关系！

【陶继新】中国人有一个劣根性，往往允许不认识的人、远方的人升官、发财、出名，就是不允许自己一个单位的人突然了不起了。于是，极尽造谣中伤之能事，甚至做出更加卑劣的事来。如果让这种风气在学校里蔓延，正气就会下降，邪气就会上升。非但不会和谐，还会严重地影响到教育教学。所以，要倡导一种"成人之美，不成人之恶"的风气，让人人都想成功，而人人都鼓励别人成功，支持别人成功。这样，不但和谐，还会形成一种合力。合作意识的觉醒与增强，会让人们变得更美好，工作效率变得更高，也更有效益。

【房彩霞】是的，合作意识的觉醒与增强，对于和谐团队的打造真的是至关重要的。陶老师，您可能还记得上次对话时我们谈到过的"聚焦"系列活动。在该项活动中，我们推出的多是优秀团队。这两年学校先后聚焦了：美术组、音乐组、体育组、英语组、数学组、六年级级部等多个团队。在每次"聚焦"团队之后，我们都能够十分清晰地感受到整个集体行走的力量！在老师们的头脑中，成为焦点的不再是哪位教师了，而是一个团结奋进的集体！在聚焦中，现在老师们越来越感受到这句话的含义："你超越本团队中的其他成员的效益,远远小于你们团队齐心协力超越其他团队!"只有共赢,才会实现新的超越!

【陶继新】你们的"聚焦"系列活动,让各个团队有了更强的心理凝聚力。团队内部不但更加和谐团结,而且还有了与其他团队竞争的积极性。这当是让教师"成人之美"的好办法。其实,当今时代,单打独斗闯天下可以成功的可能性越来越小了,只有合作,才能共赢。而且,有了这种合作精神,人生境界也提升了。有了境界,即使出现一些让人感到不太满意的事情,也不会特别计较,还是善待他人,发展自身,从而让生命的价值越来越大。

【房彩霞】目前,的确像您刚才说的那样,单打独斗闯天下实在是行不通了,任何工作都需要大家的协作。我校现在采用的"合作——分享"式的"大教研"也体现了"赢在团队,胜在协作"的主旨思想。用我校丁莉主任的话来说:"我们的大教研之所以大,首先是形式上实现了一种教师的大智慧,它集结了所有执教年级、所有数学教师的好经验、好做法,所以称之为大智慧;其二,大教研还实现了数学知识的大视野,它实现了年级之间的知识沟通,形成了知识的纵横体系,这是一个数学老师必须要具有的大视野。"我想,正是因为有了"赢在团队,胜在协作"的意识,在我们的教研中才有了更多的智慧分享,才有了更多的智慧课堂。

【陶继新】"赢在团队,胜在协作"说得好!其实,团队这个集体赢了,身在其中的个人也就赢了。原因是协作。协作除了工作上的合作之外,也是一种心上的协作。它让这个团队的人,在希望自己发展的时候,也希望大家都发展,都帮助大家走向成功。人气之盛,尽力之齐,才有了赢的内在力量。诚所谓"人心齐,泰山移"也。有了这种品质,不但可以决胜于当下,也可以决胜于未来。因为有愿意与别人合作的良好品质,才能与别人合作。不与别人合作的人,别人也不愿意与你合作。合作生成的能量,不是1+1等于2,而是有了积数的累计,它会让人创造更大的奇迹。

(二)捆绑连带 心与心不再遥远

【房彩霞】打造一支"人心齐,泰山移,战无不胜"的队伍,应该是每个团队的志向,然而在许多团队中,各扫门前雪的现象还是屡见不鲜的。

情暖校园

在营东，为杜绝本级部内教师之间各扫门前雪，争名夺利引发矛盾的不和谐现象，学校实行了教研组内部管理办法，让组内教师均成为质量链中的一节，这样无形之中便加强了组内教师的协作，促进了组内教研，提高了教育教学质量，于是我们高兴地看到教研组内的各项工作有了分工协作，一人评优全组帮忙的变化，在取得成绩时，我们看到的是全组的笑脸；当工作失意时，我们听到的不再是相互埋怨，而是彼此的理解。

每月的办公室卫生检查如果不合格，除了扣除当天值日教师相应的绩效工资之外，同时扣除的也有组长的奖金；在营东，因为个人没有听铃声进课堂，受罚的除了教师本人外，还有本组的教研组长。学校出台了的一系列管理措施，既加强了基层组长的责任心，加大了管理力度，又增进了组内教师的理解。试想：教师的素质还是相对较高的，当因为个人的过错让他人受牵连时，在愧疚的同时，多少也会萌生些许感激之情，之后必然会更加自律，配合组长、教研组长工作，自觉地接受管理了，关系协调好了，组长、教研组长工作起来也就得心应手了，组内人与人之间的距离也就更近了。

【陶继新】同一组内任何一个教师出了问题，组长都有责任。这种"追究制"，既可以让组长更加负责，因为组长不会置之不理，组长也不会打击报复，而是主动地帮助教师。同时，它也会让出现问题的教师知错快改。如果不及时改正，不但组长不高兴，其他教师也不会愉快。因为已经成了一个整体，荣辱与共是大家共同的心愿。于是，"见不善而不退，退而不能远"就成了一种共同认定的错误，进而变成"择其善者而从之"，让这个团队更加和谐与上进。

（三）拓展训练　团队因我而优秀

【房彩霞】为了不断强化教师的团队意识，我们还经常开展团队辅导活动。2010年9月10日，我校全体老师在南部山区参加了为期一天的团队拓展训练，度过了一个最有意义的教师节。活动中，老师们团结合作，挑战自我，闯过了一道又一道难关。在"高空断桥"处，老师们相互鼓励，大家依次克服了恐惧心理，纵身一跃，英姿飒爽，豪气满怀，挑战成功！在畅谈感受时，大家感受颇深。当时，我说了这样一段话："在参加团队辅导之前，如果有人告诉我，当全体队员拍着你的后背，为你大喊一声'加油'，你就可以超越自己，勇敢地跨过高空的断桥时，那时候我一定不会信，但是今天我信了；同样，在参加团队辅导之前，如果有人告诉我，当你拉着其他队员的手，听着黑暗中来自其他队员的鼓励，你就可以克服恐黑症，成功地穿越黑暗之旅时，那时候我也一定不会信，但是，今天我信了！"一个和谐的团队，它能够给予人的力量真的是不可估量的。我校正是因为有了"赢在团队，胜在协作"的教师队伍，才有了营东小学今天的发展！

【陶继新】拓展训练给我们两大启示：一是人的潜力是远远超过自己想象的，只是平时没有这个意识而已。这种意识一旦觉醒，并且成为常态后，

情暖校园

就可以一次又一次地超越自己，就可以获取一个又一个的胜利。二是团队的力量是巨大的。如果一个人身处这个环境之中，是很难拥有这个勇气的。可是，有了大家的鼓励，有了这个支持场，就有了加倍的勇气与力量。这两个方面都很重要，互相支撑，才让生命有了一种特殊的体验。其实，你们学校取得的一个又一个奇迹，不也像你们参加的拓展训练吗？教师个人的奋斗，集体的和谐与支持，才让营东小学有了一次又一次的超越，有了越来越大的发展潜力。

【房彩霞】陶老师，今天的对话就以我常对老师们说的一句话作为结束语吧："在一个团队中，不可能人人都是最优秀的，但是如果能形成最和谐的组合，这个团队则有可能是最优秀的。"我想，也只有在这样和谐的团队中，老师们才会爱校如家的，您说呢？

【陶继新】在任何地方，都有上中下，这是谁也改变不了的事实。可是，却可以让上者更上，中者居上，下者居中。群体的发展，就有了您所说的团队的优秀。永远没有最好，但却可以更好。您说得对，只有在这个和谐团队中，才能拥有这支爱校如家、积极向上的教师队伍。

第五章 行走在共性与个性之间

一、校长深情寄语
——追求共性发展 亦力求个性张扬

【房彩霞】陶老师,今天的对话就从我办公室门口的一句话开始吧。在营东小学,每个工作室都有自己的工作承诺,在校长办公室的一侧,张贴着这样一段文字:"在这里,如果你感觉有充分的自由,那么我错了,因为这里缺少了管理的规范;在这里,如果你感觉到被束缚住了手脚,那么我又错了,因为这里缺少了个性的张扬;在这里,如果你在自由发展的同时,又知道什么该做什么不该做,那么我对了。——校长室致全校师生的一句话"看到这句话,不知道陶

情暖校园

老师您想到了什么？

【陶继新】这段文字耐人寻味。它昭示出一个道理：没有制度约束的自由，是放任自流，不是真正意义上的自由；束缚手脚的管理，心灵被封闭了，不可能让教师放开手脚去创造性地开展工作；只有在真正的心灵自由状态下，自主自觉且积极有效的工作，才能实现其自身的价值，才能高效率且高效益的工作。由此看来，您的这段话，可以作为校长的座右铭，不但可以给校长以经常性的提醒，也可以让教师行止有方，且自主创新地开展教育教学工作。

【房彩霞】陶老师，我和您还是心有灵犀的，呵呵。我一直希望，走进营东小学之后，扑面而来的既有规范的管理促进师生共性发展的严谨与有序，又有广阔的空间实现师生个性发展的活泼与张扬。我希望这句话每天都能够无声地向过往的每个人诉说着这样一个理念：营东小学追求师生的共性发展，同时也力求个性张扬，我们是主张教育要行走在共性与个性之间的！

【陶继新】孔子主张中庸，有的人误认为是老好好，其实，那是大错而特错了。所谓中庸，是无过而无不及，而且还是"其至德矣乎"。管理，就要通中庸之道，不是吗？不管多么好的制度与思想，如果过一点，则会走向它的反面；如果达不到，则又起不到相应的作用。这个"中和"之度，有"道"之美，也有"器"之方。如果能够"致中和"，则"天地位焉，万物育焉"。

【房彩霞】如若教育行走在共性与个性之间，真的可以企及您所言的"中和"之度，呈现"道"之美，"器"之方，那我一定会持之以恒的。起初，之所以主张教育要行走在共性与个性之间，是因为我们都深知：每个生命都是独特的，教育不在于取消个性和差异，而恰恰在于发展其个性和差异，并设法给与他们成长所需要的足够的养料。但是，教育又是一个儿童"社会化"的过程，要求我们关注学生遵守社会规范的能力，使他们能适应社会，完成家长和社会的嘱托。于是，美好的教育便是在满足个性发展需要和社会发展需要之间寻找到平衡点。那就是让教育行走在共性与个性之间。

【陶继新】《中庸》有言："天命之谓性，率性之谓道，修道之谓教。"

看来，一个人的个性，是生而有之的，是比较难以改变的，所以就有了"江山易改，本性难移"之说。所以，只有"率性"才能称得上"道"，而只有"修道"才能称得上"教"。您说得对，"教育不在于取消个性和差异，而恰恰在于发展其个性和差异"，即"率性"也。可是，仅此还是不够的，还要"修道"，所以，《大学》开篇就说："大学之道，在明明德，在亲民，在止于至善。"这应当是任何一个学生要想发展起来都必需的道德之本。即您说的"共性"。没有这个共同的要求，即使个性发展得再好，学到的东西再多，也是不可能成就大的事业的。还是您说得好，就是要"让教育行走在共性与个性之间"。

二、确定办学理念
——为每个生命撑起一片多彩的天空

【房彩霞】让教育行走在共性与个性之间，这一发展目标的确立，是源于我校的办学理念的，我想，一所学校的任何行为都是要基于办学理念之下的。陶老师，通过前几次对话，可能您对我校的办学理念有了一些了解。我校将"为每个生命撑起一片多彩的天空"确定为学校的办学理念，即：教育的使命是促进人的生命成长，学校应为每一个生命，无论学生还是教师创造属于他们的美好未来。我们深知：无论是对于学生，还是对于教师而言，本是多彩的生命，自然需要多彩的阳光，而共性与个性皆是这片多彩的天空中不可或缺的颜色。有人说，这一目标太遥远。我觉得：实现这一目标其实并不是太难，只要我们能够对教育、对课程、对师生进行更多、更深刻的思考与解读，我们的教育完全可以行走在共性与个性发展之间。

【陶继新】"为每个生命撑起一片多彩的天空"很有诗意，但并不虚无飘渺。任何生命，都有巨大的发展空间，都有一片属于他自己的多彩的天空。为什么有的教师与学生却没有如此美好的发展前程呢？原因是多方面的，而学校没有为其创造发展的舞台当是一个重要原因。有这样的一个老师，叫罗恩，刚开始在亚特兰大买下一座废弃的百年厂房准备建造成学校，这所厂房周围住满了毒贩和妓女。学校建造过程中就遭遇了19次入室盗窍。招收的第一批学生各个学科的考试成绩都在总体上低于全国的平均水平，并且普遍缺乏学习信心和动力，也从来没去过佐治亚州之外的其他地方旅行过。几年后，在他们的八年级毕业典礼之夜，孩子们得到了将近100万美元的奖学金，超过90％的孩子在不同的学科获得了奖励。从这样的例子中，给我们多么大的启示啊！况且，我们一般学校的学生来源并不会如此之差，可是，为什么没有培养出更加优秀的学生来呢？就是没有给"撑起一片多彩的天空"，让本可以绚丽的生命，却笼罩在"阴云密布"之中。

【房彩霞】难怪陶行知先生这样说：教师手中操纵着一个人的命运！作为一所学校，首要的目标是为学生们的成长提供优质的服务，服务于学生的发展、服务于家长对教育的需求、服务于社会对人才的要求。"学生在心中，质量居首位"这十个字，对于营东小学的教师而言，真是再熟悉不过了。十几年前，它就作为我们营东小学教师的工作寄语，赫然醒目地出现营东老校的大厅上方。如今十几年过去了，伴着时间的推移，随着教育的发展，因为营东校址的变迁，虽然这十个字已经不在了，但是营东的教师已经把营东小学的每个学生以及属于他们的那一片天空装到了心中。就像您刚才所说的，校园生活对于人一生的重要意义，无论再怎么评价也不为过，因为它是一个人从幼稚走向成熟，从懵懂无知到开化文明的必经过程。如陶行知先生上面所言，那么对于我们小学教师而言，责任便更加重大了，因为我们与每一个年少的生命共处在他们梦想起飞的地方，所以，我们一直致力于学生的发展行走在共性与个性之间。

第五章　行走在共性与个性之间

【陶继新】"学生在心中，质量居首位"这十个字虽然没有了，可是，它已经深深地烙印到了教师的心里，已经物化为教育教学的实际行动。学生在心中，内涵是极其丰富的。不但要爱他们，更要相信他们，他们有着巨大的发展潜力。有效地开发这个潜能，就会还给教师一个不小的惊喜。如果漠视或者压抑这种潜能，就会还给教师一个失望。所以，教师还要善教，《学记》有言："善歌者，使人继其声；善教者，使人继其志。其言也约而达，微而臧，罕譬而喻，可谓继志矣。"意思是说，会唱歌的人，不仅声音悦耳，动人心弦，还要使人情不自禁地跟着唱。会教人的人，不仅给人以知识，还要诱导学生自觉地跟着他学。教师讲课，要简单明确，精练而完善，举例不多，但能说明问题。这样，才可以达到使学生自觉地跟着他学的目的。看来，优秀的教师，不但要教会学生，还要让学生会学，积极主动地学。

三、满足学生共性发展的需求
——打牢扎实的基础　为其人生填涂浓重的底色

（一）着眼习惯能力　夯实生命根基

【房彩霞】"学生在心中，质量居首位"这十个字说来轻松，真正落到实处是需要每个营东人静心思考的。行走在营东校园之中，我们经常思考这样一个问题——应该把我们的学生培养成什么样的人才？如何才能够让学生的发展行走在共性与个性之间？于是，在"为每个生命撑起一片多彩的天空"这一办学的总目标之下，对于学生的发展，我校又确立了两个分目标。目标之一：打牢扎实的基础，为其人生填涂浓重的底色；目标之二：搭建自由发展的平台，为其人生增添绚丽的色彩。这其中第一个目标就是满足学生共性发展的需求，而第二个目标则是满足学生个性的发展需求了。

【陶继新】基础的好坏，对于学生的成长起着极其重要的作用，没有这个根基，以后的所谓自由发展都是不可能的。比如犹太人从小背诵经典，是世界少有的，可是，他们认为，这个基础打好了，以后再学习科学知识的时候，再进行创新创造的时候，就有了基础。厚积薄发嘛！所以，犹太人就成了世界上最具创造力的民族。当然，打牢基础还不止于经典诵读，还有品德与习惯的养成，学科知识的学习等。而且，还要为其一生的自由成长搭建平台。小时候的心灵自由，是会影响其一生发展的。自由状态下的学习不但是高效的，有时还是审美的。这种状态下的孩子，不但当下会有激情与创造，以后更还可以具有超越普通意义的发展。

【房彩霞】陶老师，您所言极是，根基之于一个人成长的重要性是每位教育工作者都必须深知的。我们知道：每个走进营东校园的学生，都有一个丰富而斑斓的梦想，要想美梦成真，他们在成长过程中需要很多，需要进行各方面的汲取。如今在营东，我们正力图让每个学生意识到：学习是一个人实现梦想的第一需要。而作为教育工作者，面对这些生命，我们要为他们做的便是打牢扎实的基础，为学生的天空涂上浓重的底色。我们始终认为，当营东的学生们走出校园以后，无论他们从事什么职业，我想，营东小学为他们打下的扎实基础，是会伴随他们终身的，是永远涂抹不去的底色！所以，提高教育教学质量是营东小学一直努力追求的方向，这不是应试的需求，而是生命成长的需要。

【陶继新】根深才能叶茂。所以，真正优秀的校长，在培养学生的时候，绝对不急功近利，而是瞩目未来的。在学生的基础上扎扎实实地下工夫，一点儿也不搞花架子。即使有的时候看不到成绩，也矢志不移地走下去。这样，到了一定的时候，就会在学生的生命成长中开花与结果。当然，也并不是说由此让学生学起来没有兴趣，甚至非常厌烦学习。恰恰相反，即使在打基础的时候，也包括了他们学习兴趣与习惯的培养，如果有了兴趣与习惯，也就有了持续发展的可能。这种良好的生命状态，已经在你们的学生那里显现出来。随着时间的推移，还会更加显现出来。

【房彩霞】是的，在平时的工作中，我们经常思考这样一个问题："扎实的基础"应该是什么呢？小学六年，我们应该给予学生什么呢？仅仅是课本上的那些知识吗？答案当然是否定的。除了这些知识，更应该是良好的学习习惯和必备的学习能力！近几年来，我校在课程设置以及改变学生学习方式、提高学生的学习能力方面，且行且思，且思且行，做了一些尝试。

【陶继新】学生的成长,需要课本知识,可是,光有这些知识远不够。所以,就有了您所说的课程开发与习惯的培养问题。丰富多彩的校本课程,可以让学生乐在其中,更成长在其中。这固然要占用基础课程的学习时间,可是,对于学生来说,却是必不可少的。习惯养成亦然。根据我的了解,一个成人的成功与否,大多不在于其智力优劣,而在于情商的高下。今天中午与我学生的一个女儿一块吃饭,听她谈在美国《世界经济导报》工作的情况,很是感慨。她的勤奋与努力,工作与生活都非常好,让她很快在美国有了立足之地。这与她小时候自理自立能力强不无关系,与她在那个时候养成了良好的学习习惯与生活习惯也有很大关系。

【房彩霞】您提到的那个学生的女儿,能够有今天的发展,我想,定是受益于成功的教育。今天,如果把"分数"与"能力"二者进行排序,我想越来越多的老师会让"能力"二字居于首位了。因为有了能力成绩一定不会太差,而反之则不同了。作为学校,培养能力的主阵地还是应该在课堂上的。所以,为了培养孩子的能力与习惯,让学生在课堂上真正实现"学与思的结合",我们正在打造高效的自主课堂。我们力求在训练的过程中,充分发挥学生的主动性,让学生自己发现问题,通过小组合作学习的方式,经历一个探究的过程,从而发现规律,进而达到学生共同提升的目的。在这样的课堂上,我们能够看到颇具深度的课前质疑、各抒己见的语言表达、思维灵感的现场生成、学习方法的灵活应用,这才是真正吸引学生的课堂!在槐荫区教研室组织的自主课堂展示中,许多听课的领导和老师给予了我们这样的评价:在课堂上,营东的学生最漂亮!

【陶继新】小组合作学习,可以让学生有更多说话的机会,以及展示的机会。有没有说话与展示的机会的学习,其效果是有天壤之别的。而且,在这种合作学习中,小组成员之间,不但可以相互帮助与启发,还会培养其合作的精神。未来社会,是需要有合作精神的。小时候不进行培养,长大之后,就有可能不具备这种精神。而没有合作精神的人,是不可能得到别人认可的,也不可能有更好的发展空间。同时,学生主动学习精神的培养至关重要。被动学习与主动学习,用同样的时间,效率是大不一样的。主动学习者,因为有一种内在动力支撑,学习的状态是积极的,甚至有一定的深度。久而久之,就会形成一种良好的学习习惯。有了主动性与好习惯，学习就会变得相对轻松，而且，更有了长足发展的可能。

【房彩霞】是的，小组合作学习从根本上改变了教师"满堂灌"的落后学习方式。我校在学习方式变革与课程建设方面双轮驱动，每天下午增设了一节介于国家课程与学校课程之间的能力训练课。我校的能力训练课，每天下午35分钟，训练的内容有语文学科中的写字能力、课外阅读能力、作文修改能力；数学学科中计算能力、发散思维能力以及英语学科中日常口语交际能力。该课程以国家课程为核心，在"学思结合""知行统一"教育理念的指导下，力求培养学生的多元能力。如今，能力训练课已成为了学生实践应用所学知识的平台，让学生体验到学为所用的快乐，激发学生自主学习的愿望。

【陶继新】这种能力训练课，确实能够培养学生的能力。就说语文能力的培养吧，就足可以看出你们是深得其中要妙的。其实，语文能力的提高，离不开阅读与写作。没有一定量的阅读，就不可能写出好的作文来。两者的关系，在逻辑上构成必要条件关系，即有之则未必然，无之则必不然。同时，写作的训练也十分重要。没有大量的练习，就很难能在写作中熟能生巧。而读与写的结合，才能让语文能力得以有效的提高。而且，当他们在读与写中感受到收获，且有了一定的兴趣之后，也就有了您所说的自主学习愿望。有了自主学习的愿望，不但可以有效地提高学习成绩，同时也有了未来走向成功的基础。

【房彩霞】为了让学生能够及时收获自己的所得，我们还专门设计了"能力训练册"，例如"计算试验"的计算能力训练册；"一手好字天天练"的写字能力训练册，英语学科的"脱口秀""神笔高手"，"书香伴童年"的读书能力训练册等。在"书香伴童年"这本册子后面学校还为学生设计了"读书小盘点"，用来盘点一学期之间学生的读书情况，在扉页上，我为每个学生写了这样一段寄语："亲爱的同学们，作为你们母校的老师，我衷心希望在你们每个人的身上能看到一种美丽，这种美丽是源自内心的自信，是溢于言表的修养，这种美丽从何而来？从读书中来！腹有诗书气自华，这句话也许有的同学今天还不懂，但是终有一天你会感悟到：读书真的可以让你变得更加美丽！"能够看到学生们的成长，我想这是所有营东人最欣慰的。

【陶继新】这篇寄语写得很有水平。是的，读书是可以让人变得更美丽的。读书多了，好了，就会拥有文化。文化是可以"化"人的，它可以让男人变得更优雅，女人变得更美丽。而且，这个美丽，还不只是外表之美，还有气质之美。一个人的美与不美，关键是气质上。我见过一些表面很美的女人，可是，一听其说话，一看其做事，立即感到一点儿也不美了，其内在的粗俗就一览无余地显现出来了。而且，一个没有文化的人在社会上是不受欢迎的。从小让学生懂得这些道理，且让他们从书中学到文化，则是为他们一生负责啊！

（二）领悟教育真谛　奠定生命底色

【房彩霞】是啊，想来我们今天的努力不正是为了学生们明天的精彩吗？即便是今天，在营东学生们的身上，都拥有非常美丽的一面，这是一种素质！为了给学生们提供展示的空间，学校还定期开展"素质展能日""展能周""展能月"活动。例如："经典诵读展能周""写字展能日""陶艺展能周""计算能力展能日""英语口语展能日""剪纸展能周"等，这些活动，给学生更多展示的机会，让更多的学生美丽的一面得到彰显。

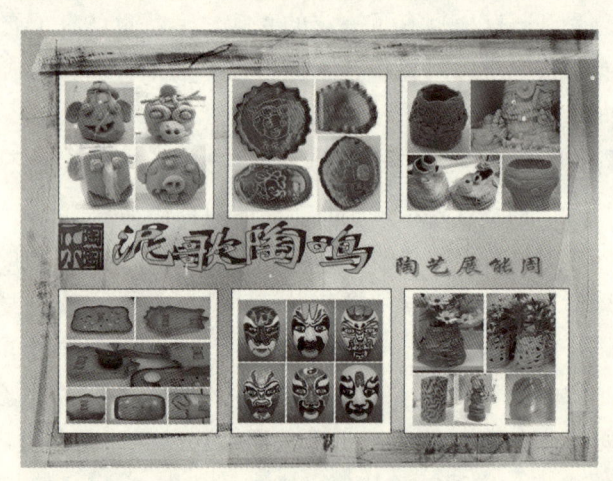

【陶继新】定期开展"素质展能日"，会让学生兴奋不已。学生们有了某种能力，如果不给他们展示的机会，久而久之，就会淡化他们继续学习的兴趣；如果不断地给他们提供展示才能的机会，他们就会越来越努力，

情暖校园

并在努力中收获必然的结果。这不仅会让他们当下享受快乐，还会在心理积淀下一颗快乐的种子，且慢慢地发芽、开花与结果。从这个意义上说，你们还提高了学生的快乐指数，并有可能培植他们持续愉悦的心境。

【房彩霞】是啊，兴趣是最好的老师，而我们的素质展能系列活动，要呵护的不正是这一点吗？

什么是教育？著名的教育家叶圣陶曾说过："什么是教育？简单一句话，就是养成良好的习惯。"曾经有人说过这样一句话："当学生将所学知识淡忘以后，留下的便是教育的痕迹了。"其实，我们现在所做的一切，无论是现在正在打造的自主课堂，还是我们正在进行的各项能力训练，都是在向着这一目标努力。因为我们深知：只有学生真正具备这些学习能力与习惯，并且成为他们一生中永远涂抹不掉的底色，我们的教育才真正满足了学生共性发展的需求！

【陶继新】习惯要养成，年龄越小越好。一是这个时候习惯养成快，二是容易养成且有持久性。而不好的习惯一旦养成呢，改起来就很难了。《学记》有言："发然后禁，则扞格而不胜。"所以，不能在"发"了后，再去干预，那样就难之又难了。就说说我大女儿对其女儿轩轩读书习惯的养成吧。她的新家没有电视，不开电脑，于是，母女两人，在家的时候，除了玩之外，几乎所有时间都是在读书。于是，轩轩就养成了读书的好习惯。现在小学三年级学习的她，已经读了很多书，背诵了不少经典。而且，她从心里喜欢上了读书与背诵经典。这种习惯，对于她的学校学习，起到了很大的促进作用。相信在以后的学习中，这种读书习惯还会发挥更大的作用。

【房彩霞】相信这一良好的读书习惯，一定会让小轩轩受益终生的。在学校育人过程中，除了学习习惯与能力的培养，还有一个任何学校都永远不能摒弃的共同的育人目标——教学生学会做人，做文明人，做对社会有用的人。基于这样的认识，所以有了上次对话和您谈及的我校"让学生成为校园内流动的文化"德育工作追求的目标；有了优秀品质具体化、育人工作全员化、社会问题校园化、德育工作日常化，营东小学促进学生养成良好行为规范的育人策略；有了营东小学的感动瞬间；有了我们身边的感动明星；也有了感动"营东十大少年"带给我们的温暖……教育的本质是对于生命的关怀，这些都是他们成长轨迹中不可或缺的生命根基。我想，只有综而观之，我们的教育才能够全面呵护一个生命的成长，满足学生共性发展的需求。

【陶继新】学会做人太为重要了！孔子甚至认为，学文是次要的，当在学习做人之后。他说："弟子，入则孝，出则弟，谨而信，泛爱众，而亲仁；行有余力，则以学文。"意思是说，年轻人在父母跟前就孝顺父母；出门在外要顺从师长。言行要谨慎，要诚实可信，寡言少语；要广泛地去爱众人，亲近那些有仁德的人。这样躬行实践之后，还有余力的话，就再去学习文献知识。一部《论语》，除了一个积极入仕的线索之外，另一条内在的线索就是谈修身做人。而人做好了，再有了知识，才有可能成为对社会有用的人。人做不好，有了知识，不但对社会无用，还有可能会非常有害。所以，小学阶段打基础的时候，首先要将做人这个基础打好。有了这个基础，也就有了成就事业、贡献社会的可能。

四、满足学生个性的发展需求
——搭建自由发展的平台　为其人生增添绚丽的色彩

（一）把鱼儿养在大海里　想让它小都难

【房彩霞】"打牢扎实的基础，为其人生填涂浓重的底色"，满足了学生共性发展的需求；"搭建自由发展的平台，为其人生增添绚丽的色彩"，满足的则是学生个性的发展需求"。在营东小学，提到学生的个性化发展，很多人都会想到我常常挂在嘴边的一句话：把鱼儿养在大海里，想让它小都难呢！我很喜欢这句话。它不是出自什么名著，而是出自一位小学教师之口。初读这十五个字，我感动了许久，我相信，没有对教育深刻的感悟，是不会说出这番话的。无独有偶，也有人说过这样一句话：你为学生搭建的舞台有多大，他发展的空间就有多大。给学生一片自由放飞的天空，学生的发展将是不可估量的！他们回报给你的必定是活泼张扬的个性与多姿多彩的童年！

【陶继新】我也喜欢"把鱼儿养在大海里,想让它小都难呢"这句话。它很形象,又颇有哲理。是的,每一个生命都有巨大的发展空间,正所谓"海阔凭鱼跃,天高任鸟飞"也。小学阶段,尤其要"把鱼儿养在大海里"。因为小孩子的可塑性非常强,如果有了适宜于成长的土壤,不但生长得快,而且生长得好。当然,不能忘记了打好基础。《中庸》有言:"行远必自迩,登高必自卑。"意思是说,远行一定要从近的地方起步,登高一定要从低的地方开始。也就是说,要从基础做起,而不是好高骛远。这个迩与卑,与"大海"并不矛盾,反而有着内在的联系,可以说,二者缺一不可。

(二)无限延伸的"文化一条街"

【房彩霞】想"把鱼儿养到大海里",琳琅满目的学校课程也是必不可少的。为满足学生个性化发展的需求,我校一直致力于学校课程和多彩社团的开发。如今,营东小学的特色课程已成规模,新建教学楼的地下室,均开发为特色课程活动室,省教科所原书记陈培瑞研究员看过之后,颇为感慨,美其名曰"文化一条街",在这里,足以让学生们选择到自己喜欢的课程与社团活动。

【陶继新】特色课程不但可以彰显出学校的文化特色,也让学校有了更加丰厚的内涵。全国的名校,几乎都有自己的特色课程,以至于形成了自己的课程文化。而且,多彩的社团,会给学生们自主开展各种各样的活动提供灵活多样的载体,且会让他们在乐此不疲中学到书本上学不到的东西。我与陈培瑞老师交往多年,深知他是一位很有思想与文化的教育专家,他有如此高的评论,足见你们的课程与社团活动已经结出了丰硕的成果。

【房彩霞】陈老的评价给了我们莫大的鼓励,在他的指导下,我校在多元课程的开发方面的渐行渐远,"文化一条街"不断延伸。令我们欣慰的是,在营东的校园,一位又一位富有特长的教师成就了一门又一门学生喜爱的课程和一个又一个让学生深深迷恋的社团:爱看星星的韩军主任成就了我们的天文课程,他身边围着他一起数星星的学生越来越多;精通书画艺术的杨晓丹、张善伟、齐立民老师成就了营东的国画与软笔书法,让营东的校园翰墨飘香;擅长乐器演奏的老师们成就了民乐、手风琴,让我们的校园里到处琴韵悠扬……一门又一门的课程成就了一批又一批的学生。

书画、纸艺、扎染、雕刻、智能机器人、综合探究、健美操、棋艺、陶艺、舞蹈、琴艺、民乐、天文……挖掘了学生们的潜能，张扬了学生们的个性。

【陶继新】这令我想到了孔子所说的"游于艺"，学生参加这些课程，有一种"游"的心态，有一种快乐的心境，学习，就不是心力交瘁的一场又一场的苦役，而是变成了一次又一次快乐的艺术之旅。不同的学生，有着不同的特长与潜质，如果有效地开发，就会让他们在各自领域显现出类拔萃之处。这会在学生们的心里积淀下一种积极主动的学习能量，再学习其他学科知识的时候，也会因这种能量的延伸而拥有超越既往的表现。所以，开设这些课程，非但不会增加学生的负担，还会减轻他们的负担，因为负担更多显现在心理层面。而且，丰富多彩的特色课程，还能开发学生

情暖校园

多方面的潜能，让他们既有个性张扬，又促进了生命的全面发展。

【房彩霞】陶老师，如果您以后有机会在下午光临营东小学，在新校区的"尚博—智动""尚思—智团""尚彩—染坊""尚品—画苑""尚朴—刻堂""尚天—星语""尚翰—书轩""尚音—雅乐""尚舞—悦动""尚美—闪吧""尚韵—鼓瑟""尚律—琴语""尚阅—美文"等专用教室中，您所感受到的真的是您刚才所说的那种"游"的心态，那种快乐，那份投入，是发自肺腑的；在西校区"文化一条街"的"墨香阁""纸艺坊""博弈堂""乐陶陶""绘彩轩""舞韵室""梨园"中学生们的表现有时候让我们这些当老师的都自叹不如了。

【陶继新】单看起的这些名字，就足以让人感到非同凡响了，不但有文化品位，而且还将起名者的审美情调融入在里面了。有的时候，一个名字起好就非常不容易了，这么多的名字都起好，就更加不容易了。如果不是集合了群体智慧，是不可能起得如此优雅的。这也符合您的审美趋向，因为您在做事的时候，不但要求做成，做好，还要做得美。做成做好固然重要，而有了美在其中，就不只是锦上添花了，还会在人们的心里形成一种快乐情结，会让大家生成累并快乐着的最佳感觉。而且，真正快乐的时候，

第五章 行走在共性与个性之间

就会更爱所做的事，也会做得更好。

【房彩霞】虽然您的夸奖让我汗颜，但是您所说的"不但要求做成，做好，还要做得美"，我倒是常常和身边的老师们说的。之所以要尽最大努力做好，是因为我们的环境是为学生而做的。我校所有的专用教室，不仅仅为其精心取名，并用心设计。各类活动室装饰得或古朴、或典雅、或时尚、或简约。

例如：书画课程活动室"墨香阁"，房间墙壁采用传统仿古木刻花格装饰。正前方这块贴满学生书画作品的大画板，采用钢板和纯毛布料制作而成，平时学生们可以自由地展示自己的作品，配上墙上的射灯装饰，俨然就是一个小型书画展。紫檀色书橱里摆满了书画用具和学生们的作品。长条画案，是学生们尽情挥毫的地方，配上纯毛深灰色画毡、古香古色的笔架、笔洗……更具传统书香韵味。

再如，剪纸课程活动室"纸艺坊"，全套实木雕花家具，仿古老榆木原色设计，桌面镂空花格造型，上铺10毫米厚的钢化玻璃，仿古高背官帽雕花座椅，四周墙壁装饰纯实木镂空花格，尽显古代书斋气息。

我始终相信，给学生们提供一个好的环境，他们展示给我们的也必定会是更加精彩的创意！

【陶继新】环境布置如此具有品位，就成了一种环境文化了。非文化人，不可能做成如此美的文化。尽管与您接触不是太多，可是，我觉得，您是一个追求完美的人。这与您外表的优雅有关，与您内在的美质更是分不开。一个校长的品位，有的时候，是可以决定一个学校品位的，这一点极其重要。人们常说环境育人，一点儿也不假。在优雅的环境之中，人们会有一种美的享受；在一个乱糟糟的环境里，人的心情也会乱起来。学校是育人的圣地，为师生创设一个优美的环境，这就会让教师教学与学生学习的时候，也有了一种审美的快感。在这种环境下工作与学习，不但效率是高的，效益也一定是好的。

【房彩霞】对于环境的育人功效我也是深有同感，有人说环境对人的影响见效很慢，或许是吧，但是变化确确实实发生了，长此以往，它影响的必定是行为，提升的必定是品质了。其实只要能够达到育人的效果，都可以称之为我们的课程资源。今天，我校一直在强化老师们的"大课程意

情暖校园

识"。一旦有了这一意识，我想我们的课堂就不会再受限于黑板一块，粉笔一枝了，有了这一意识，在我们的校园里，处处皆是精心设计的课程文化，有形的也好，无痕的也罢……在这样的环境中，学生们的发展空间是开放的，他们的思维是发散的，他们的个性可以得到尽情地彰显。

【陶继新】强化老师们的"大课程意识"很有意义。您说得对，处处皆课程。只不过这些课程有的是显性的，有的是隐性的，有的是课堂之上的，有的是课堂之外的。有了这种课程意识，就会精心设计学校每一个地方，让其显现出独特的思想与文化。特别是那些隐性的课程，表面看起来不一定起什么作用，可却有着潜移默化的穿透力。而且，这种潜移默化下的教育，尽管显见得不一定太快，可是，却是牢固的，有时还是深入心底的。这种"大课程意识"深入教师心里之后，甚至延伸到学生那里之后，就会产生很大的作用。

（三）无处不在的隐性课程

【房彩霞】如果说营东小学的书画、纸艺、扎染、雕刻、综合探究、健美操、棋艺、陶艺、舞蹈、琴艺、民乐、天文是显性课程的话，那我接下来所说的就是我们的隐性课程了。在营东小学，这样的隐性课程资源很多。走进营东校园，映入眼帘的是如茵的草坪上一块线条遒劲的泰山石，上面几个红色的大字格外引人注目——爱拼才会赢。这可是营东校园内一本珍贵的教科书。这独具匠心的设计在告诉每一个人：努力拼搏，拥抱成功。想到把这五个字刻在泰山石上，是事出有因的。几年之前，一位家长曾经给我打电话反映她的孩子回家后情绪低落，问其原因，很简单——今天孩子在课堂上举手老师总是不叫他。现在的独生子女太依赖他人的赏识与关注了！学生的确很需要来自老师、家长以及他人的赏识与鼓励，但是他们不知道，其实自己对自己的赏识对于自信心的树立是最最重要的。他们不能只盼望听到"你真行"，更要学会对自己说"我真棒"！这是新课改当中我们应该对孩子渗透的教育——树立自信，相信通过自己的拼搏与努力就会取得成功！经过深思熟虑后，我向全校师生学校召开了以"爱拼才会赢"为主题的素质展示会。在会上，我校把"爱拼才会赢"作为礼物送给了全校的每位学生。希望在他们的个性发展中写上"爱拼才会赢"这一笔！

【陶继新】您所说的自信心的培养，对于独生子女来说尤其重要。现在的家长，对于子女的教育，更多采取的是"赏识教育"，这固然是必要的，可是，凡事过犹不及。当赏识过了头，就成了溺爱与放纵了。这些学生，只能听赞扬的话，不能听批评的话，即使错了，也不能说一个不字。当受到批评之后，就会很不高兴，以致出现了小孩子为此自杀的惨剧。您说得好，自信教育不是只让别人说自己行，更要让自己说自己行，即使失败了，也要说自己行。因为没有失败与挫折，就不可能走向成功。从某种意义上说，失败恰恰是成功的序曲与前奏。而且，这会让学生在这个过程中，感受"失败者，成功之母也"的要义。也正是在这些波折中，增强了自信的指数。有了自信，也就拥有了走向成功的可能。

【房彩霞】鉴于心理健康教育的重要性，所以，我把这块泰山石和它上面的五个字作为一门重要的隐性课程，摆放在了校园最显眼的地方——学生每天进出校门必经之处。课间十分钟活动时，学生们无论是围坐在池边观鱼，还是在池旁游戏，我知道，这五个字是始终出现在他们视野中的。虽然知道刻上字会有损泰山石自身的价值，但是最终我校还是这样做了。因为我知道，这五个字虽无声，却会时时刻刻地告诉营东的每一个人："努力拼搏，才会成功！""爱拼才会赢"这五个字对学生所产生的深远影响远比泰山石本身更有价值。可能现在他们对这五个字的理解还不够深入，但我知道，当他们渐渐长大，当他们遇到困难与挫折时，如果他们能够以这种精神作为支撑战胜困难，到那时候，他们也许就会明白，"爱拼才会赢"是母校留给他们的一笔宝贵的精神财富！虽不敢说这就是一种文化，但至少已经能够称得上是一种精神。营东小学正竭力把这种精神注入到学生心中，让他们多一个有力的支撑，让他们在通往成功的道路上多一份助力。

我觉得，如果从这一意义上来讲，这块文化石以及上面的五个字足以称得上一门心理健康教育课了！

【陶继新】"爱拼才会赢"一旦内化到学生的心里，就会形成一种巨大的精神能量。因为任何的进步与成功，都不可能是唾手可得的，都是要付出努力的。《周易》所说的"天行健，君子以自强不息"，就强调了积极向上的精神。而且，一个人向上的精神，是从小培养起来的。小时候有了这种意识，且有了行动之后，长大成人之后，就会因为有这种强大的精神支撑而取得更大的成功。当然,还要让学生知道,在走向成功的路上,会有荆棘,会有失败,即使拼,也有可能不会有理想的效果。这个时候,不是退缩,而是一往无前,继续拼下去。这种韧性精神一旦形成,就等于为孩子积聚了终身有用的本事,就会真正如您所说的那样:"爱拼才会赢!"

【房彩霞】做了八年多的校长,大课程的意识在我脑海中越来越强烈。我们的课堂,如果承载的只是那本薄薄的教科书,那么课堂就只是三尺讲台,一支粉笔。那就狭隘了!而当我们将学生个性化的发展装入脑海,从学生们的需要出发,我们的课堂再不会拘泥于三尺讲台,受限于黑板一块,我们眼中的课堂可以无限放大,一块石头,一块泥巴,一首小儿歌都可能会成为我们生动的课程……而在这多元课程资源中成长起来的也必将是多姿多彩的童年和活泼张扬的个性。

【陶继新】是啊!传统意义上所说的教材,只局限于教科书。其实,教师所教,甚至教师不直接教学生可以学到的东西,都可以称之为教材。这种大教材观与您所说的大课程观是一致的。没有多元课程,学生尽管也可以考出比较好的分数,可是,他们的全面成长,以及个性化的成长,就比较困难了。而学生只有一个童年,如果这个时段的生命不鲜活,不多彩,不但当下没有了快乐,未来也少了生命的底色。

【房彩霞】在营东小学,还有一处学生们特别喜欢的地方,那就是颇具田园意韵的西校区"生态园"和东校区的"无忧园"。在那里,各种蔬菜、花卉依着时令,顺次生长。城市孩子难得一见的庄稼等也在这里安了家,亲手种下一粒种子,享受实践的快乐,体验田间的劳作,以感性的认识取代对"谁知盘中餐,粒粒皆辛苦"纯粹意念化的理解,这才是学生所需要的生动的、鲜活的课程!在园艺师的指导下,学生们与绿色亲密接触,亲身观察,充满惊喜,一份份观察记录写下学生们看到的绿色生长的收获。小空间,大生态,这里萌生的是悠悠的新绿、勃勃的生机。我也说不清从中学生们会得到什么收获,但我知道一定会有的,见多自然会识广的,收获或许是因人而异的,个性的发展或许就在于此吧。

【陶继新】休说城里孩子,就是农村的孩子,有的也体会不到"谁知盘中餐,粒粒皆辛苦"的真正意蕴了。因为他们的家长尽管相当辛苦,可是,家长并不希望自己的孩子太过辛苦。其实,苦与甜都是相对的。有的时候,受点苦，反而会成为以后甜的基础。况且，一般化的种点种子，也并没有什么苦可言。可是，当学生亲手种下种子，且能在他们的观察下生根、开花与结果的时候，就有了别样的情趣。学生学习知识，有文本知识，也应当有生活文本知识。你们的"生态园"，就为学生获取生活文本提供了园地。

（四）丰富体验　收获多元发展

【房彩霞】是啊，所以说校园生活对于人一生的重要意义，无论怎么评价也不为过，我校的老师愿意付出最大的努力来换取学生的发展。

学生的个性化发展需要多元的显性、隐性课程的支撑，同时也需要丰富多彩的体验活动。例如，2010年的六一，我校开展了"爱心在营东——爱心拍卖会"，参与这项活动的除了我们的学生，还有槐荫区部分青联委员以及部分家长。这次活动共拍得善款三万七千多元，全部捐给了槐米爱心基金。当时拍出的全是出自"文化长廊"的师生作品，有书法、国画、剪纸、陶艺等。学生们的作品非常精彩，就拿陶艺作品来说吧，在"乐陶陶"里，学生们慢慢学会了用泥巴说话，一块没有生命的泥巴团，几根没有声息的泥巴条，经过他们灵巧的小手，变作了学生心灵世界的表达。在泥巴的世界里，我总会感叹学生的表达是多么千变万化，表述是那么生动形象。学生们已经学会了用他们特有的语言传达着陶艺之美，默默感染着置身其中的每个人。

活动结束后，我接到了一位家长的电话，家长说，他没想到他的孩子能在小学阶段参加只能在电视上看到的"爱心拍卖"这样的活动，一路上他的孩子都非常兴奋，看到自己的作品被别人以上百元拍走而感到非常有成就感。我相信，这是家长的肺腑之言。我也相信，这样的活动给了学生一个展示才能的机会，一定会进一步激发学生的兴趣，张扬他们的个性，创作出更具创意的作品。

【陶继新】学生参加"爱心拍卖"活动，收获之大可想而知。它在不经意间，培养了学生的爱心。有无爱心，是衡量一个人人格高下的标尺，也是一个人是不是"人"的标准。因为"立人之道，曰仁与义"，没有仁与义，称不上真正意义上的人。

一位纳粹集中营的幸存者，后来当了美国一所学校的校长。每当一位新的老师来到学校，他就郑重其事地交给这位老师一封信，信的内容如下——

亲爱的老师：

　　我是集中营的生还者。我亲眼看到人类所不应当看到的情景：毒气室由学有专长的工程师建造；儿童由学识渊博的医生毒死；幼儿被训练有术的护士杀害；妇女和婴儿被受过高中或大学教育的人们枪杀。看到这一切，我怀疑：教育究竟是为了什么？我的请求是：请你帮助学生成为具有人性的人。你们的努力绝不应当被用于制造学识渊博的怪物、多才多艺的变态狂、受过高等教育的屠夫。只有使我们的孩子在具有人性的情况下，读写算的能力才有价值。

这位校长推行的教育虽不能说是最好的教育，但他把握准了教育必须以爱与人性完善为终极目标这一根本。而有了这一终极目标，教育才有理想和信仰，才会把学生当"人"来培养，而不是把学生当作"产品"来生产。只有进行人的教育，才会有真正的教育。而你们的爱心义卖，则是进行的真正的人的教育。让学生从小拥有爱心，学会做一个有人性有人格的人。

　　【房彩霞】 教育工作者只要用心，学生们终会从中汲取营养的。从去年开始，营东小学有了自己的辩论赛，大队辅导员精心挑选辩论赛的话题，如"小学生该不该带手机""小学生该不该上网""小学生该不该追星""学生犯错老师该不该叫家长"……当这一系列困扰学生们的问题成为了辩论话题时，他们开始了正反两方面的深度思考，在辩论中，既锻炼了口才，又训练了思维，同时，也加深了对这些问题认识，指导了今后的行为。在辩论赛场，最吸引大家的是师生同台辩论，面对老师，学生们毫不胆怯，妙语连珠，比赛现场掌声雷动，学生们的表现赢得了老师们的一致好评。营东的学生个性张扬，人再多也不怯场，这是很多槐荫人给出的评价，我想这样的活动给予学生的东西太多了，凡是参与其中的，今后他们一定会受益的。

　　【陶继新】 你们这些辩论赛的话题，都是目前教育上的一些热门话题。大家对这些问题的看法，可谓众说纷纭，莫衷一是。绝大多数的小学生缺

情暖校园

少辨别是非的能力，有的家长对这些问题的看法也是"惚兮恍兮"。可是，如果以非为是，就会影响到学生的健康成长。从这个意义上说，你们的这个活动太有价值了。辩论赛热闹非凡，让家长惊讶不已，也提高了学生的辩论水平。而更重要的是这个过程，学生为了在辩论中取胜，就要认真地搜索信息资料，有的还要请教家长、教师甚至其他权威人士。这样，就锻炼了学生获取信息的能力。正是在这个过程中，参赛者对这些热门话题的认识逐步地深入了。通过激烈的辩论，也让更多的学生认识到谁是谁非，从而有了正确的看法。当心里认可之后，学生再行选择的时候，就不需要老师苦口婆心地再讲那么多的大道理，而是成为一种自觉自愿的行动了。

【房彩霞】我也相信，体验活动带给学生的收获一定会是多元的。在我校这样的体验活动很多：学生摄影展、天文展、花灯展、书画展、英语"我行我炫"……一系列的体验活动给了学生们展示才能的空间，也给了学生们自信。对于学生而言，只要自己能够被大家所认可，那就是一份荣耀，那就是他们儿时难以抹去的一段记忆，是装扮属于他们的那片天空不可缺少的绚丽色彩！

【陶继新】能够为学生留下童年的美丽，当是学校教育的一大亮点。有的学生上了六年小学，

问及对母校有何印象时，竟然摇头说"不知道"。这不能怪这些学生"迟钝"，而是这些学生所在的学校没有给他们留下特别感兴趣的事情。你们学校则不然，如果学生离开学校之后，有人问起同样的问题，他们一定会滔滔不绝地回答，而且还会有"得意忘形"的快乐之态。为什么会如此呢？因为您懂得学生的心理，您希望学校变成学生生命成长的乐园，且为之采取了一系列的行动。看来，一个校长不但要有思想，还要有童心，还要有智慧，这样，学校里的一些场景，才能成为学生终生的铭记。

【房彩霞】是的，办学校真的需要留给学生们一些值得他们今后回忆的东西。我希望营东的学生走出母校以后，在他们记忆中留存的有琳琅满目的学校课程，有丰富的课程资源，有"爱心拍卖会""师生同台辩论"这样触动学生情感的创意活动，我更希望他们记得的还有营东小学给予他们量身定做的评价，和母校"大家不同、大家都好"的欣赏眼光，而这一点，我觉得也是张扬学生的个性的关键之处。

【陶继新】营东小学不但给学生留下了终生难忘的回忆，还在他们的心里栽植了一颗真善美的种子。因为他们在学校里，不但学到了必需的知识，也学到了做人的品德，还有了比较好的心理素质。正因如此，他们有了一个幸福的童年，也有了一个走向未来幸福的基础。而且，每一个学生都是"这一个"，也就是说，他们都有了个性的张扬，都有了属于自己的那份发展美景。正如您所说："大家不同，大家都好。"不但现在好，未来更好。

五、多彩的生命需要多元评价
——大家不同　大家都好

（一）裂缝的瓦罐　需要的是欣赏

【房彩霞】每次谈到"大家不同，大家都好"的多元评价时，我都会想起一个寓言故事《裂缝的瓦罐》，陶老师，不知道这个故事您是否看过？

故事的大意是这样的：从前有个人，他用一根挑杆和两个大瓦罐挑水。两个瓦罐分别挂在挑杆两边，其中一个裂了一条缝，另一个则是完好无损的，每次都可以一滴不漏地把满满一罐水从小溪一直盛回挑水人的家，而坏掉的那个罐子只能运回半罐水。那个完好无损的罐子当然很自以为是。

破损的罐子对自己的缺陷感到很惭愧。就这样一天天地，两年过去了。终于有一天在小溪边，裂掉的罐子对挑水的人说："我为自己感到惭愧，我想要向你道歉。"

"为什么呀？"挑水的人问。

"两年来，每次你挑水回家时，我身上的裂缝一路都在漏水，到家就只剩半罐水了。"那只破瓦罐说。

挑水的人说："今天回家的路上，我希望你看看小路边漂亮的花朵。"

的确，在他们上山的路上，破瓦罐看到路边确实有一些美丽的野花，心情也好了一些。但是回到家后，它依然感觉很难过，因为它又漏掉了半罐水。于是，破瓦罐再次为自己的过错向挑水的人道歉。

挑水的人对它说："难道你没有注意到，那些花只有你这一侧的路边才有，好罐子那一边是没有的？每天我们从小溪回来的路上，你是在给它们浇水。两年来我都可以采到这些漂亮的花来装点我的桌子。如果不是你身上有了裂缝，我的屋子怎么会变得美丽起来呢？"

我觉得作为教育工作者，还是应该读读这个故事的。

【陶继新】有红花，就得有绿叶，不然，红花就少了那份特有的妩媚。现实之中也是这样，一所学校之中，有的要在前台，有的则要在后台，有的可能非常有名，有的则默默无闻。任何地方都是如此。关键是，那些已经成名的人，是不是名副其实，而不是瞧不起其他人；那些隐在后面的人，是不是默默地做着自己应当做的工作，而不是感到愤愤不平。我欣赏前者，因为成功成名应当属于他们，他们付出了努力，正像种瓜得瓜，种豆得豆一样。而且，也应当让更多的人向他们学习，从而让自己的人生更加精彩。不过，我也欣赏后者。由于各种原因，他们没能走向前台，也没有成名。可是，他们不急，他们也不是不努力。更可贵的是，他们不嫉妒别人的成功与成名，而是甘于做成功成名者的陪衬，真正是"人之有技，若己有之。人之彦圣，其心好之，不啻若自其口出"。这种人，也许一生没有成名的机会，可是，他们的精神却是高贵的；也许有朝一日，他们脱颖而出，成就一番事业，从"绿叶"变成"红花"。

【房彩霞】红花也好，绿叶也罢，有时候是生而有之的。只要能够得到他人的赏识与认可，便可以各得其所，各示其美了，用欣赏的眼光来看待他们彼此之间的不同，这对于绿叶来说真的太重要了。我初读这个故事的时候，脑子里出现了这样一个画面：站在高处俯瞰，看到许许多多忙碌的挑水工正挑着瓦罐挑水，那些瓦罐有的是完好的，也有带裂缝的。有的挑水工发现瓦罐漏水了，便将带裂缝的丢弃在路边，那些瓦罐再也没有了发挥自身价值的机会，天长日久，瓦碎成泥，埋没于荒草之中。而最吸引我的是故事中的这个挑水工，因为他的赏识，使得带裂缝的瓦罐不再因为裂缝自暴自弃，而是自信满满地行走在挑水的路上，他们经过的地方不停歇地开出了美丽的鲜花。多么聪明的挑水工，多么幸运的瓦罐！

【陶继新】这个挑水工的确很有智慧，甚至可以说很有思想。其实，那个裂缝的瓦罐开始的时候也不是如此，是完好无损的。这正像我们的老教师，重病在身，身体垮了，可是，他们也曾年轻过，甚至也曾叱咤风云过。况且，老有老的用处，其人生阅历就是一笔伟大的财富。正如这个裂缝的瓦罐，看惯了秋月春风，到如今却已有了残缺。它已经不可能再贮满水了，但却可以浇灌路边的野花，并让其展示出美来。遗憾的是，它自身并不知道它的价值与意义，是这个挑水者点破机关，让它有了自信，感到了自身的价值。那么，教育不也是如此吗？有的教师，有的学生，感到自己根本没有价值，可是，当校长发现他们的优点，给予鼓励且为其搭建成长的舞台时，他们就发现了自己的用处甚至是特长，就有了自信，且发挥了自己的作用，实现了人生的价值。

【房彩霞】是啊，这个小小的寓言故事揭示的也正是教育的真谛啊。再次品读这个故事时，我眼前的画面发生了变幻，变成了什么呢？挑水工变成了忙忙碌碌的老师们，而瓦罐则变成了各不相同的学生们。老师对于有"残缺"的学生，当然残缺二字是一定要加引号的，这种小小的缝隙，或许对于我们的教育的某种评价标准而言，并不完美，假如我们换一种标准来看的话，瓦罐上的裂缝恰恰是共性的一种特质，是生而有之的个性。作为老师，我们应该怎样对待性格各异、特长不一、多姿多彩的学生呢？作为校长，我当然希望营东小学的每位老师都能成为那个聪明的挑水工。

【陶继新】有您这个智慧的"挑水工"，定然会有更多聪明的"挑水工"涌现出来。因为您的教育理念，在平时工作中，会慢慢地渗透到教师那里，并内化成他们的品质。这样，他们就不会用同一的尺度去衡量学生，而是从不同的视角看待学生，感到每一个学生都有其独特的优势，都是不可替代的。当不同的学生得到来自教师的欣赏时，也就都有了自信，有了实现自身价值的愿望，有了走向成功的可能。

（二）面对个体差异　做个聪明的"挑水工"

【房彩霞】您过奖了，陶老师。我的教育理念称不上什么智慧，不过是来自个人教育经历与教育实践的一些感悟吧。在我的教师生涯中，曾经有一件事给了我很大的触动，那是我推门听课时所经历到的。当时的情景我至今还清晰地记得：那天听课时，坐在我身边的是一个男孩儿，从课堂上他的表现来看，应该属于那种被老师们习惯称为"差生"的学困生，整堂语文课上他始终沉默寡言，不被课堂上活跃的气氛所感染，他所坐的地方在这节课上也成为了被人遗忘的角落。然而在课间十分钟里，他跳绳时却身手不凡，不断地变化着跳法，同学们的喝彩声不断，令他神采飞扬，小脸因为激动而涨得通红，与课堂上的他判若两人。当上课铃响起的时候，我又坐到了他的身边，而再次回到课堂的他，又像极了那个自暴自弃，心情灰暗的带有裂缝的瓦罐，因为课堂上的他想得到认可与欣赏实在太难了，虽然他跳绳的身手吸引了同学们的目光，但是此时却得不到老师的夸奖，因为并不是所有的老师都能够成为那位聪明的挑水工。

【陶继新】苏霍姆林斯基说："每一个孩子就其天性来说都是诗人，但是要让他心里的诗的琴弦响起来。"可惜的是，您所说的这个学生的老师并没有这种认识，并没有让这个学生将其心里的诗的琴弦响起来。陶行知先生说："你的教鞭下有瓦特，你的冷眼里有牛顿，你的讥笑中有爱迪生。你别忙着把他们赶跑。你可不要等到坐火轮、点电灯、学微积分，才认识他们是你当年的小学生。"遗憾的是，直到今天，有的教师依然鞭下打"瓦特"，冷眼看"牛顿"，口中讥"爱迪生"。您说的那个教师，如果发现这个小男孩的优长，"夸大"他的优长，让他拥有自信与自豪感，那个小男孩说不定在课堂上也能神采飞扬，也能快乐无比，得到大家的赞赏呢！所以，教师不但要很好地研究一下这个挑水工的智慧，更要转化为自己的教育教学智慧。

【房彩霞】是啊,对于您所说的,"'夸大'他的优长,让他拥有自信与自豪感,那个小男孩说不定在课堂上也能神采飞扬,也能快乐无比,得到大家的赞赏呢!"这件小事真的给了我深深地触动。我们教育的最终目的是什么?不是应该培养人对未来的信心吗?孩子各有所长,生命多姿多彩,我们何不为他们搭设多种舞台,让他们在合适的舞台上得到欣赏的目光,让其各得其所、各展其长?于是我们确定了营东小学的评价理念,那就是——大家不同、大家都好!

【陶继新】几乎所有的学生都有着巨大的发展潜力,很多时候,教师忽略了这种潜能,让本来可以成为天才的学生成了庸才,甚至成了废人。从这个意义上说,教师的责任何其大啊!他们可以成就学生的一生,也可以毁掉学生的一生。看来,培养出更多优秀的教师,才能培养出更多杰出的学生。这其中有一个重要元素,那就是我们刚才所谈的自信。爱默生说:"自信是成功的第一秘诀。自信是英雄主义的本质。"可以说,自信者在任何景况下都是一道绚丽的风景。有了自信,也就有了走向成功的资本,即使当下不一定成功,未来也一定拥有一个明丽的美好未来。

【房彩霞】我曾经听说过这样一句话:给他一个恰当的评价,他也许会一生珍惜!因为给了他宝贵的自信!不错,脱离了单纯的评判意味的评价,带给学生的将会是一种由衷的快慰,这种感觉值得他们一生珍惜体味!

特别喜欢日本诗人金子美铃的一首小诗《我和小鸟和铃》,我相信您一定也喜欢!

我和小鸟和铃

虽然我展开双臂,也绝不能飞上天空,会飞的小鸟却不能像我,在大地上奔跑。

虽然我晃动身体,也不会发出美妙声音,

会响的铃却不能像我,会唱许多歌谣。

铃和小鸟,还有我,大家不同,大家都好。

喜欢这首小诗,正是因为在细读品味中感觉它如此贴近于我们当前所倡导的个性化的评价。"大家不同,大家都好"在这质朴通俗的八个字中所蕴含的不正是我们在评价中所需要达成的一种共识吗?很多年以前我就把这首小诗推荐给了营东小学的老师,让我欣慰的是,如今这一评价观点已经被越来越多的老师所认同!

【陶继新】这首诗很有哲理,令人深思。是的,不是你好我不好,也不是你不好我好,只是不同而已。不同不等于不好,而是因其不同而异彩纷呈。当有了这种认识之后,再看学生的时候,就会认为他们都很好,尽管有的时候某些学生某些方面不尽如人意。可是,他们都有好的一面,都有好的时候,都是可以造就的。这样,就会厚待每一个学生,都会将他们当成人才培养,而且,也确实可以培养出不同类型的人才来。况且,社会所需要的,也不是一个尺度的人才,而是不同层次的人才啊!您以"大家不同,大家都好"作为学校教育的理念,而且又得到了老师们的广泛认可,也就有了所有学生的各自的发展。这是学生之福,也是学校发展之本。

【房彩霞】"厚待每一个学生"您这句话说得真好,我会把这句话告知每位教师的,让更多的老师为学生们造福!营东小学的特长生评比体现的就是"大家不同,大家都好"的理念。每学期的结业式上,我校学生无论学习成绩优异与否,每人都能得到一张证书。这是因为很多年以前,我校就对每学期的"三好学生"的评选进行了改革,在原有"三好学生"评选的基础上增设了"特长生"。所谓特长生就是对没有评上"三好学生"的学生,由班主任和学生一起根据他的平时表现,选取最突出的方面予以奖励,如"热爱劳动""最富创新精神""小书虫""小棋手"等。在培养学生全面发展的同时,为不同水平的学生创造成功的机会,"大家不同,大家都好"。让每一位学生都能收获一份成功的喜悦。

【陶继新】在原有"三好学生"评选的基础上增设了"特长生",说明您的"大家不同,大家都好"的理念得到了有效的落实。在期末的时候,当有的学生喜获"三好学生"证书时,更多的学生却是心怀失望。这种无形的打击,不但会让他们少了自尊,也会让他们失去自信。而有了"特长生"评价之后,让更多的学生有了获奖证书,有了自豪的资本。况且,这些特长确实是需要表彰的啊!有这些特长的学生,与学习成绩优秀的学生,是各有千秋啊!这还会让您的这个理念定格在学生的心里,让他们知道,"大家不同,大家都好"。于是,大家不是彼此轻视对方,而是欣赏对方。这种和谐的同学关系,不但有利于学生的学习,有利于特长的发挥,也有利于形成合作共赢的思想。

【房彩霞】 2006年，我校还率先对学生每学期的素质报告单进行了改革，把学生小学六年的每学期的素质报告单编辑成册，取名为"我的成长足迹"。在小学阶段结束时学生所看到的是一份完整的、充满了肯定、赞赏的成长过程记录。在评价主体上，我们也改变了以往由教师说了算的单一评价主体，变为教师、学生、家长共同参与的评价集合体。在整个评价过程中，教师指导学生增强自我意识，学会全面分析自己，既看到自己的长处也不回避自己的短处，自尊、自爱、自强、自信，逐渐学会自我评价，在实现自我中，不断激励自己成长。

【陶继新】 教师、学生、家长共同参与的评价，更加客观、公正、全面，它从不同的视角折射出学生的成长足迹，让学生看后感到特别温馨。由于从三个方面进行评价，各方都会特别认真，以便与其他评价相得益彰。让家长参与其中，可以让家长更好地了解孩子，关心孩子成长，并密切了与教师的关系。而学生参与评价，不但是对他们的尊重，因为他们更了解同伴，评价更加可靠。而且，在评价的过程中，他们不但会特别认真，也有成为学校主人公的感觉。其实，学生不但是学校的被管理者，也应当是学校的管理者。上次魏书生老师在你们学校作报告的时候，就谈了他的学生参与学校管理的事情。而你们让学生参与学生评价，则会让学生从被动地被评价，走向了评价主体的舞台。

（三）"校园吉尼斯"让学生做校园的焦点

【房彩霞】 时至今日，我想每个教育工作者都应该有这样的意识了：评价再不是一个人说了算——要让更多人参与评价！

在营东小学，还有一个体现"大家不同，大家都好"的评价方式，

情暖校园

那就是我校的"校园吉尼斯"。为了进一步促进学生的个性化发展，我校将"校园吉尼斯"作为传统项目定期举行。我校"校园吉尼斯"两年一届，每届活动历时近两个月，共设知识类、体育类、创新类、文艺类、书画类、娱乐类等四十多种比赛项目！我们举行"校园吉尼斯"的初衷就是：丰富学生的知识，锻炼学生的技能，发散学生的思维，发现学生的潜能，在活动中"张扬个性，炫出自我，经历拼搏的过程，享受成功的喜悦"。

【陶继新】"校园吉尼斯"让学生的各种才思拥有了展示的舞台。一个人，特别是学生，有了某些特长，有了某些知识，如果得不到人们的认可，就会形成一种消极的心理暗示，以至于对所学所长淡化情趣。相反，如果不断地让他们所学所长得以展示，就会激发他们继续努力。特别是展示得到大家赞扬的时候，会特别兴奋，且会在心里积淀成一种积极向上的思维定势。这会让他们更加努力，取得更大的成绩。

【房彩霞】我想，正是因为"校园吉尼斯"给了学生们一个展示才能的平台，所以学生们参与的热情极高。到目前为止，我校已经举行了三届。我清晰地记得 2009 年 1 月 营东校园张灯结彩如过节般热闹，第二届吉尼斯大赛又开始了！决赛当天，校园里面一片生机勃勃，合影留念、加油助威，给拼搏的学生们打气⋯⋯家长们把校园围得水泄不通，洋溢在脸上的是笑容，表现在话语中的是感动。一位家长热情地对媒体记者说："学校的这项活动，使我们也重新认识自己的孩子，帮我们发现孩子的潜力，寻找培养孩子的方向。为孩子们的未来描绘蓝图，这不只是给孩子无限希望，也带给我们整个家庭无限希望。"

【陶继新】一个孩子在某些方面表现突出，不但会让孩子充满自信，也

第五章　行走在共性与个性之间

会给其全家带来喜乐。哪一个家长不希望自己的孩子出类拔萃？可是，传统教育评价方式，让很多学生本来就有的潜力无法开发，无法展示，以致被学校误认为是学困生，甚至被认为是没有发展前景者。你们的这个"校园吉尼斯"，突然让家长看到了自己孩子竟然如此富有才能！这份惊喜，会让他们重新审视孩子，会让他们对孩子充满希望。而家长对孩子的这种认可与称道，会在日常生活中有意无意地显现出来，从而给予孩子一种积极的心理暗示，并让孩子变得更加自信与快乐。

【房彩霞】家长的心情我们在现场都深深地感受到了，所以以后的吉尼斯我们都邀请家长当评委和嘉宾。在2011年举行的第三届吉尼斯比赛中，我们增设了"精彩生活专场"，其中"发艺设计"和"秀厨艺"最为吸引人。"发艺设计"为四年级专场，要求学生统一在两分钟内完成梳头，并进行简单的花样编辫子设计，可以用头花、卡子等道具，由家委会组成的评委团评选出最美观者获胜。"秀厨艺"是高年级专场，规定20分钟内将菜品制作完毕，所需调料自己准备，蒜泥、蒜末可以直接使用做好的，其他蔬菜肉类、要现场加工，参赛选手准备电磁炉、炒锅等，在各自教室内完成比赛，按规定时间将制作好的菜品端出来，在操场进行比赛和展示。在选手完成菜品的过程中，各位家长评委要到各班进行监督和检查。评选时，由家长委员会成员及来宾现场品尝，色香味俱全、外观漂亮者获胜。那天的气氛相当火爆，我都快坐不住了，都想参与到比赛当中。虽然您没有亲临现场，不过相信您一定能够体会到比赛当天小选手的高兴劲儿和得意劲儿了，那天，他们绝对是校园的焦点。

【陶继新】家长被邀请当评委和嘉宾，会感到特别的自豪，他们既会特

情暖校园

别认真履行自己的职责，也会为这些孩子的精彩表现而欣慰。更重要的是，它由此向家长传递了一个信息，孩子的这些技能，都是学校高度认可的，都是非常重要的。于是，衡量一个孩子的优劣，就不仅仅从学习好坏一个角度评价，而是有了多维的思考。这种评价，自然有助于孩子的全面发展。

"发艺设计"和"秀厨艺"既展现了孩子的能力，还展现了他们的艺术创造力。这些与生活紧紧联系在一起的活动，竟然让孩子如此喜欢它。这让我们想到，生活之中处处皆学问，甚至处处都有美，关键是，学校能不能调动孩子的审美情趣，能不能发挥他们的创造力。如果做到了，孩子们就会给大人一个巨大的惊喜。

【房彩霞】我一直认为，我看重的并不是"校园吉尼斯"本身的赛事，而是学生参与之后由于家长和老师的多维思考带给他们的变化。有时候走在教学楼中，我的脚步会不自觉地放慢，因为我校"校园吉尼斯之星"揭晓之后，学校会为他们每个人精心制作一块奖牌和星状的展板，展板就悬挂在学校的走廊内。我很喜欢展板上孩子们充满阳光的笑颜和他们的获奖感言，感言就写在每块展板的下方。"相信自己，梦想在你手中，这是你的天地。让大脑和双手一起飞速转起来吧——快打王之星""运动——快乐生命的小马达，运动生命在阳光里展现风采——1分钟跳绳之星""用青春的舞步，敲出铿锵的音符。成功融入笑容，失败也有幸福——自编舞之星""用你坚韧不拔的毅力，去迎接终点的鲜花与掌声，相信成功属于你！力量，信念，拼搏与奋斗，在遥远的终点线上渐渐明亮——花样轮滑之星""任汗水打湿脊背，任疲惫爬满全身，依然向目标前进！成功属于那些战胜失败，坚持不懈、勇于追求梦想的人——1分钟投篮之星"……尽管读了无数次，但每次都会再次欣喜，再次感动。因为他们内心的感受和这些发自肺腑的感言才是我最最看重的！

【陶继新】太喜欢这些获奖感言了！刘勰说："夫缀文者，情动而辞发。"看看每一句获奖感言，哪有不是因情而发的呢？而且，就在这些情中，还透射出一种特别的自信，洋溢着生活于学校之中的快乐。这样的感言，让人百看不厌，且又回味无穷。我甚至认为，有的可以作为格言，流传于世啊！而且，它对鼓舞学生上进，拥有健康的心理，会起到意想不到的作用。它也会让家长与教师从中领悟到教育的真谛，且为有这些可爱的学生而自豪。我突发奇想，这些美丽而又自然的词句中，是不是也烙印着您的语言风格，传递着您的幸福感情呢？一个校长的感情与思想，不但可以影响教师，也会潜移默化地影响学生。而且，这些富有创意的活动，与您的创意思维，以及师生的创造力，当是维系在一起的吧。

【房彩霞】 呵呵，陶老师又夸我了，我想，这些获奖感言的出处，应该源于他们参与其中的这段宝贵经历吧，我之所以喜欢这些感言，正是因为透过每句话，我仿佛都可以看到他们在吉尼斯赛场上拼搏的身影。

我偶尔也会遇到自己欣赏自己的"吉尼斯之星"。看着他站在自己的展板前专注地欣赏自己的样子，我知道他定会有一份自豪在心中。于是我就与他共同欣赏，并分享他的那番喜悦。在静静欣赏时，我仿佛已听到来自他内心花开的声音！

无感而发，是无病呻吟；有感而发，则是真情实感。而这个真实，则来源于您所说的经历。没有经历形不成经验，也形不成真正的感言。为小学生创设更多经历生活的平台，不但会有感言不断地涌现，更有他们的精彩人生不断展示。每一个学生只有一个童年，而他们的这些经历，则让他们有了更加美好的童年记忆。

【陶继新】 您有足够的资格自己欣赏自己的"吉尼斯之星"，我也特别欣赏您。很多年来，山东省乃至全国的一些名校长，常常想方设法与我联系，让我给予采访报道。在这种盛情邀请下，我也在全国采访了两百多位校长。可是，尽管我也曾经听我妹妹谈过您是一位非常优秀的校长，而且也想通过她试图采访您。可是，您没有主动"出击"，只是"守株待兔"似的等待着。后因应陈培瑞老师之邀与他一起去章丘采访，听他谈到您的一些做法，以及您的思想与文化品格，我才罕见地主动去采访一个校长，开始真正走近您。而愈是走近，愈是感到您不同于一般校长，您的某些优秀特质，真的太值得欣赏了。在我后悔自己采访您之晚的同时，我毫不犹豫地作出了一个决定，就是将与您的对话整理成一本书。我在出版社有两个书系：一个是"陶继新对话名校长书系"，一个是"未来教育名家系列"。我甚至认为，这个对话，入这两个书系的哪一个都非常好。您现在已经是一位名校长，同时，我也相信您的未来肯定是一个教育名家。所以，您有足够的底气好好地欣赏自己，我们也都有幸在欣赏着您。

情暖校园

【房彩霞】您刚才的盛赞真的让我不知如何是好了。陶老师您可能不知道，其实即便是此刻在与您对话的过程中，我都一直觉得底气不足。记得我在与您的对话中曾经说过，之所以有勇气坐在电脑前，真的是发觉与您这种"面对面"的交流有许多意想不到的收获，对话中有很多内容真的是在您的提升之后生成的，因为有了这种期盼，所以我才有了这份胆量。能够入选"对话名校长"我就已是心虚了，还算不上实至名归。

【陶继新】您总是太过谦虚，不过，大凡真正能够走向成功的人，没有一个不是谦虚好学者。而且，我也与您一样，喜欢这种对话方式。因为在对话的过程中，我们都不可能知道对方要说什么，而是在收到对方来的一段话之后，必须立即作出回应。这会激发我们的灵感，会让平时意想不到的思想闪现火花。所以，我们碰撞思想的过程中，我也常常被您的思想激活，有了当下之想与当下之语。

【房彩霞】您之所以会对我校的工作感兴趣，我想，可能是因为在办学时，虽然能力有限，但是我真的十分用心，我坚信："心在哪里，优秀就可能在哪里。"就像我们的"校园吉尼斯"。我们用心了，就给了孩子们一片天空。

小小的"校园吉尼斯"给了学生们一方平台，而学生们回报给我们的则是一个又一个的惊喜！在一项又一项"校园吉尼斯"的评比活动中，我们欣慰地看到课堂上沉默的学生显得异常活跃，学习上落后的学生显得信心十足！

虽然，我们的"校园吉尼斯"还显得十分稚嫩，然而对于我们而言，这并不重要，重要的是透过这个小小的吉尼斯，我们看到了一个又一个平台上那一张又一张个性张扬的笑脸！为此，学校甘做为学生搭建舞台拉开大幕的人，为学生们搭设更宽的舞台，推开更多的天窗，我相信学生们呈现给

我们的也必将是更加靓丽的一面！营东的校园也必将更具魅力，更加精彩！

【陶继新】用心就是一种品质。为什么用心？因为您觉得校长有责任让教师更好地发展，让学生更好地成长，甚至觉得发展与成长慢了就有愧于校长这个称谓。但是，仅仅用心还是不够的，还需要智慧。我觉得，您是一位很有智慧的校长。您可以从很多看似平淡的校园事件中，寻到让教师与学生成长的助燃点，进而让他们心中积极向上之火熊熊燃烧起来。"校园吉尼斯"是一个精彩之点，它让学生们热血沸腾，让教师与家长也激情澎湃。而很多创造，不但需要平日的积淀，有些也是在这种激情燃烧的时候产生的。

（四）感动明星　不同的笑脸奖给不同的你

【房彩霞】您所言极是，教育工作的确需要用真心、用智慧、用情感来做，我虽然还没做到，但我一直在努力。无论是对于成人，还是孩子，激发情感非常重要，它是感动教育工作的一剂强化剂！于是我校又推出了"感动明星——不同的笑脸奖给不同的你"这一凸显个性化的评价。在上次对话中我曾经提到过，我校每位教师每周手里都有两张小笑脸，送给身边表现突出的学生。老师们都有这样的感觉，我们手中的这一张张阳光灿烂的笑脸让校园里突然多了许多双欣赏发现学生的眼睛。当我们轻轻弯下腰把"不同的笑脸奖给不同的你"这句话连同小笑脸儿一起奖给学生时，我们竟意想不到地收获了无数的感动……如果本周得到了小笑脸儿，学生就可以把它们贴在自己的《成长手册》中；如果没有得到，则要在《成长手册》中提示自己还需要在哪些方面继续努力。我觉得这种个性化评价很重要，因为个性化的评价才是针对每个学生个体成长的"积优卡"与"错题集"，而且这样的评价对学生的触动很大！

【陶继新】"不同的笑脸奖给不同的你"很有诗意，也内涵着真情。孩子点点滴滴的成长，都是在平时的小事中积聚而成的。还是荀子说得好："积土成山，风雨兴焉；积水成渊，蛟龙生焉；积善成德，神明自得，圣心备焉。故不积跬步，无以至千里；不积小流，无以成江海。"一切品德高尚的人，都是从这些小事做起的。"勿以恶小而为之，勿以善小而不为。"当小时候有了这种好的品质之后，就会随着年龄的增长，让这些品质不断的延伸，形成更好的品质，从而成就一番有意义的事业。

【房彩霞】陶老师，在评价的改革中，我们还尝试了许多做法，收效都很显著。在我们的心中，有一个观点逐渐明晰：评价再不能是一纸成绩！正是这一观念的转变，才赋予了我校评价体系更多的形式与空间。有了这样一种认识，我们也看到了学生们更加张扬的个性！"大家不同，大家都好"张扬的是学生们的个性，打开的是"开遍鲜花的那扇窗户"。在正确的评价中也许就会让学生关闭开错的那扇窗，看到另一种不错的人生，再不会伫立在开错的窗户前潸然落泪，沮丧颓废，您说呢？

【陶继新】打开的是"开遍鲜花的那扇窗户"多有意蕴啊！是的，很多时候，教师没有打开那扇窗户，没有看到学生本然的那份美好。《大学》开篇的"明明德"，根据王阳明的说法，就是每一个人生而就有一种"明德"之美，但是，由于后来在社会上受到不良风气的影响，那种"明德"被遮蔽了。而打开这扇窗户，就是要通过"明"看到"明德"之美。所以，教师不是让本已遮蔽的明德更加遮蔽，而是及时地抚去遮蔽物，让其"明德"显现出来。

【房彩霞】"学生本然的那份美好"我想应该让学生自己和更多的人看到，孩提时代是最值得每个人去回忆的。我曾经问过学生这样一个问题："你觉得童年应该是什么颜色？"您一定猜得到，同学们给出的答案是各不相同的。在2012年营东小学"精彩六月、多彩童年"六一庆祝会上，我给出了这样的答案："作为你们母校的老师，学校希望为你们每个人的童年都能填涂上多彩的颜色，希望你们每个人都能拥有一个多彩的童年！老师们衷心希望，在你童年的回忆中，有自主课堂的积极探究，有多彩社团的大显身手，有触动心灵的感动瞬间，有辩论赛场上的妙语连珠，有吉尼斯赛场上的爱拼才会赢，也有惬意长廊上朗朗的读书声，更有着无数成长的故事在你童年的秋千上轻轻摇荡……多姿多彩，是充实而快乐的音符，是你童年中不可缺少的颜色，母校衷心祝愿你们每个人都能拥有一个快乐的童年，拥有一片多彩的天空，做最优秀的你自己！

【陶继新】让每一个学生都能在学校里得到一个多彩的童年，不但会让他们当下感到快乐，还会在他们的心里栽种下一颗多彩的种子。这颗种子会在他们未来的生命成长中破土而出，形成一种快乐的心理能量，这对于一个人能不能更加幸福起着重要的作用。如果对这个问题一无所知，就有可能给学生的童年抹上痛苦的色彩，并会随着他们年龄的增长，让这些痛苦不断地酝酿，从而酿造出一些恶果来。所以，大凡有思想与责任感的校长，都会特别关注童年的快乐，都会为他们未来的成长考虑。所以，我很为营东的学生感到高兴，他们童年如此多彩，相信他们的未来也是多彩的。

【房彩霞】 能够为营东学生们的童年播撒下希望，这也是所有营东教师的追求。近几年来，我们所做的一切都在提示我们：我们可以把眼界放得更宽，可以把目光放得更远，只要我们有心，就可以把鱼儿放到大海里面去养。在各项能力训练中，在大课程观下，在"大家不同，大家都好"的欣赏眼光中，我们能给予学生的平台是可以无限延伸的，学生的道路也是愈走愈宽的，学生的发展也完全可以行走在共性与个性之间的……

【陶继新】 "大家不同，大家都好"的理念已经在营东小学扎根，并结出了美好的果实。而且，这只是结下的一个小果，这些学生的未来，还会结出大的果实。这是我们共同的期待，而且，这个期待一定会变成现实的。

六、行走在共性与个性之间的教师发展
　　　　——和而不同　各美其美

（一）促进教师共性发展　给予学生教育公平

【房彩霞】 教师和学生一样，也是发展中的人，教师的发展是学生发展的前提，所以，教师队伍建设一直是我校工作的着力点。我校教师的发展也是一直行走在共性与个性之间的。

【陶继新】 没有教师的发展，学生就不可能很好地发展。所以，真正要让学生更好地成长，就要关注教师的发展。而教师的发展，也不应是在平面上滑移的，而应当立体的，即您所说的行走在个体与共性之间；只有这样，才能让教师不断地实现自身的生命飞跃。

【房彩霞】 陶老师，你所说的"立体"发展，既发展了我们的教师，同时也给予了学生教育的均衡与公平。一直以来，如何追求教育均衡与教育

公平，已经成为全社会关注的焦点问题。我一直觉得，对于一所现代化的学校而言，实现校内硬件设施的均衡配备并不是太难，要真正实现学校教育均衡与教育公平，教师队伍建设是问题的关键。

【陶继新】您提的这个问题非常重要，不少人一提起均衡教育，只是谈学校之间、区域之间的均衡，只是谈硬件的均衡；其实，软件的均衡更为重要，学校之内的均衡同样不可忽视。正如您言，教师队伍的建设是一个关键，这个问题解决不好，所谓的均衡就不可能实现。

【房彩霞】2400余名学生走进了营东，也就成为了我们教育服务的对象。每天，他们在同样配置的教室与专用教室内学习生活，从这一角度来讲，他们是享受着同样的服务。然而，在课堂中，他们所接受的来自教师的教育服务质量又是否一样呢？我想作为任何一个校长面对这样的问题，可能都不会给出"一样"的答案，即便有的校长说出口，也是心虚的，因为对于每所学校而言，师资水平都是参差不齐的。

【陶继新】其实，绝对的均衡永远是不存在的，可是，我们要有这样一个追求的目标，要有这样一个公平意识。即使校长想尽千方百计，让每一个学生都要享受同等的教育，也是不可能实现的。因为师资永远是不均衡的，即使当下水平相当的教师，若干年后，也会有差异。不过，这并不等于说校长不去追求均衡与公平。因为学生都只有一个童年，都希望得到更好的教育。如果厚此薄彼，就会让有的学生得不到优质的教育，这显然是不公平的。为此，校长就要心想均衡，力争接近均衡，并为之不断地努力，缩小学生受教育的均衡度。

【房彩霞】如您所言，拉近教师之间的差距，给予学生的是教育公平。所以，我校一直致力于依靠科学规范的教育教学管理促进教师的共性发展、提升师资的整体水平，通过教师的共性发展满足学生的共性发展。教师作为课程改革的执行者，教师团队的理论知识以及实践操作水平的高低直接影响到课改的质量问题。为此，有针对性地组织教师进行专业知识培训，已经成为了营东小学教师发展中不可或缺的一节课，也是教师实现共性发展的需要。有人说：教师的培训应该由共性化课程转变为个性化课程。虽然教师的发展需要涵盖个性化的内容，但是事实告诉我们，在具有新课程所需的必备的理论知识与实践经验基础之上的个性化发展才是我们所说的真正意义上的个性张扬。所以，新课改以来，我校一直致力于通过形式多样的新课程培训促进教师队伍的共性发展。

【陶继新】在谈到对学生进行均衡教育的时候，教师也应当得到均衡的教育，也应当在原有基础上不断地发展、培训，就是让教师更好发展的有效途径。参加这样的培训，对于教师来说，机会是均等的。如果都能认真听讲，再结合自己的教育教学实践，不断地进步，这样，大家都可以得到"共性"的发展。可是，人是千差万别的，即使同时参加培训，有的教师可能收获会很大，有的教师则收获不一定大。因为不同教师的学习态度是不一样的，不同教师的接受能力也是不一样的。所以，激发教师学习的积极性，特别是关注那些教育教学水平与学习态度一般的教师的积极性，当是更为重要的问题。在学生中有学困生，在教师中也有相对"困"的教师。孔子说："或生而知之，或学而知之，或困而知之。"不管在哪个层面的教师，都要有所发展，有所提升，这样，才能越来越接近均衡，而且是越来越走向高位均衡。

【房彩霞】陶老师，您真的是一语中的，"激发教师学习的积极性"正是教师培训的关键点。您还记得咱们上次对话所谈到的"让发展成为需求"吗？就是激发每位教师的内在发展动力，让"发展取决于一种状态"的意识在老师们心中根深蒂固！"聚焦栏目"让老师们在关注中提升，在聚焦中发展，牢记"把自己当做焦点"；"亮出你的品牌"让老师们置身于"靠品牌促发展"的氛围中，深谙"品牌效应"巨大作用，懂得"学科是品牌，人人都是品牌"；"相约左岸"的"精彩推荐""课题在线""共同关注"等平台，让老师已经习惯了每天低头耕耘之后的"盘点"，开始对"研究"二字仔细"端详"，在这一平台之上，老师们以全新的，轻松的形式，推介自己的思考，展示各自的精彩。"成为智慧型的教师"成了老师的一种追求——当发展真的成为了需求之后，教师的发展也就水到渠成了。

【陶继新】外力尽管有一定的作用，可是，如果没有内需，教师的发展还是不能持久的。您的这些措施，则有效地激发了教师自我学习自我提升的内在需求。当教师有了这种意识且有了行动之后，就会收获一个又一个的成果，这会让他们惊喜不已。这种惊喜，反过来又促进他们再行努力，继续前进。于是，就会又有新的收获。这种良性的循环，会让教师一直在前进，一直在收获，也一直在快乐。任何人有了收获与快乐之后，学习就不再是痛苦的事情，而是一种幸福的旅行了。我采访的一些名师，就是这样一种优质状态，而且永不满足，越来越成功。您希望你们的教师走进这种状态，而且确有不少教师已经在收获这种喜悦了。这不正是营东小学更好更快发展的生命活水吗？

（二）实现教师个性化发展　丰富学生成长方式

【房彩霞】 陶老师，虽然即便是今天，营东小学的教师依然没能达到校内的均衡，但是我知道发展是不可一蹴而就的，一所学校的优质教师资源需要长时间积淀的，只要努力，差距就会一天天缩小。在教师发展的优质状态中，我们的教育就能越来越接近均衡。

不过，我觉得这样的新课程理论与操作的培训可以解决的只是浅层次的均衡与公平。基于每个生命的独特性，我校正在着力于通过教师个性的发展来促进学生的个性发展，这样的教育的才是像您所说的越来越走向高位均衡与深度的公平！

【陶继新】 每一个生命都具有"这一个"的特点，所以，促进教师的个性发展，才能让蕴藏在个体中的潜能充分发挥出来。这种潜能会让他本人感到振奋，也会让人们对其赞颂。这样，就会在其心里生成一种自豪感与自信心，从而让其个性得到更加有效的张扬。如是时间一长，有可能让这样的教师在某些方面拥有出类拔萃的表现，收获超越想象的成功。当更多教师的不同个性都得到发挥，都收获成功的时候，整个学校教师的水平都会大大提升，从而实现您所说的深度均衡与高位发展。

【房彩霞】 因为您的"这一个"，更让我觉得"一刀切"的发展观点，无论对于学生还是教师都是不公平的，本是多彩的生命，自然需要多彩的阳光。用教师的"这一个"去挖掘、发现、点燃学生的"这一个"，我想，无论是对于教师，还是对于学生，都是我们所追求的目标了。所以，做"和而不同"的"个性化"的教师已经成为了我校教师发展的追求。

不知道陶老师您是否想过：营东小学为什么会有这么多的特色课程与社团？我知道，在营东小学之所以有这么多学生活动的场所，新校区的"尚博—智动""尚思—智团""尚彩—染坊""尚品—画苑""尚朴—刻堂"

"尚天—星语""尚翰—书轩""尚音—雅乐""尚舞—悦动""尚美—闪吧""尚韵—鼓瑟""尚律—琴语""尚阅—美文",有西校区"文化一条街"的"墨香阁""纸艺坊""博弈堂""乐陶陶""绘彩轩""舞韵室""梨园",有个很重要的前提,那就是因为营东小学有这样的师资,如果没有这些个性化的老师,否则,这些学生们活动的场所也就不可能存在了。

【陶继新】人生而不同,我们的教育,有的时候却异想天开地想培养出完全一样的人来,这显然是不可能的,所以,您所强调的个性就更为重要。你们开设这么多的特色课程,组建这么多的社团,就为不同个性的学生提供了发挥所长,以及走向成功的可能。最近刚刚获得诺贝尔文学奖的莫言,从小说喜欢读书,即使在农村最困难甚至吃不饱饭的时候,还是到处借书来看,而且,他在写作方面从小就崭露头角。他的小学老师,发现了他的这个特长,并给了他很大的鼓励,才让他更爱上了写作。如果当年他的老师对他认为写得并不理想的习作大大批评一番的话,就会打击他的写作热情,影响到以后的写作。从这个意义上说,学校为学生特长与个性的发挥提供有效的载体,则是为其未来走向成功奠基啊!

【房彩霞】莫言的老师可能做梦也没想到,他悉心鼓励与培养的"这一个"学生会成为今天的诺贝尔文学奖获得者。对于这位老师,我学疏才浅,真的不太了解,但是我相信,他一定也对文学与写作有着深深的喜爱,也许就是他的这种发展成就了莫言的个性化成长吧。

我一直都相信,教师的个性化成长,带给学生的会是更加丰富的成长方式。所以,我校一直鼓励教师发现自己的特长,挖掘自身的潜力。于是,在我校有了"同一学科"教师的"个性化"发展,我们自己起名为"错位发展",即:同一学科各自发展不同的专业。这一理念为他们提供了更广阔的发展空间。面对高手如林的美术组和音乐组,学校给他们每个人开辟一块"自留地"——个人的专用工作室。例如:卢士国的"纸艺坊"与"尚彩—染坊",杨晓丹的"墨香阁"、齐利民的"尚品—画苑",张善为的"尚翰—书轩",齐延鹏的"彩绘轩",张前进的"乐陶陶""尚朴—刻堂",杨琳的"尚舞—悦动"、钱蓬的"舞韵",徐姿的"民乐坊",蔡巧芳的"梨园"张千惠的"尚音—雅乐"——这不只是实际意义上的教室空间,更是一种心灵上的、专业创作上的空间。

情暖校园

【陶继新】人真的太不一样了，比如我吧，五音不全，色彩不辨，如果让我学音乐与美术，一定是最差者。可是，我喜欢写作，这个爱好从上学的时候一直延续到现在，而且有"愈演愈烈"之势。所幸我从事了以写作为主的工作，如果让我从事美术与音乐工作呢？真的是痛苦不堪，将了无成就。所以，到你们美术与音乐组的"自留地"一看，真是敬佩不已。我想，他们在那块"地"里耕耘的时候，一定是乐此不疲的。相反，如果让教师在其不喜欢而且努力也不可能获取成功的园地里工作的时候，也一定是不快乐的。您深知这其中的奥妙，为不同个性与特长的教师开辟了一方又一方的园地，让他们有了一展才思的舞台，收获了一个又一个的成功。他们不但是辛勤的耕耘者，而且也是快乐幸福的收获者。这种生命状态下的教师，发展一定是快的；当更多的教师发展快了，学校的高位均衡不也就指日可待了吗？

【房彩霞】确实如您刚才所言，这种氛围让老师干得痛快，因为有足够的发展空间；干得放松，因为不必担心与其他人有冲突；也干得和谐，到别人"自留地"看看，有收获、有进步。当然，同样收获了成长的快乐的，还有营东的学生们。在营东小学，一批又一批个性化的教师培养出来一批又一批个性化的学生，师生携手走在共性与个性发展的道路上。

【陶继新】有其师，必有其生。这样的教师，不但可以培养出有个性的学生，而且还会将其快乐的心境传递给学生，让他们也在快乐中学习，在幸福中成长。这样的学生，不但会收获个性化的成功，更会拥有健康的心理。他们也会如您所说的教师一样，也会不断地看看自己个性化收获，也会到其他学生那里去看看，"学而时习之"。在这样的学习环境与学习状态中的学生，多能生成一种快乐的心境，进而形成一种健康的心理。

结 语

【房彩霞】师生是学校的办学理念的体现，是学校的文化气息的彰显。文化是一种弥漫，所以，我希望，每个走进营市东街小学的人都能从师生的和谐发展中感觉到这样一种文化：共性与个性中的你中有我我中有你。在这其中，既看到严谨规范中的共性之美，亦看到了寓于共性中的个性之美！

【陶继新】正是形成了文化，所以，才能起到"化"人的作用。同时，当更多的人有了这种共性与个性之美的时候，就又形成了更为优化的"化"人之场。不管是教师，还是学生，在这个场中，都会自觉不自觉地改变自己，让自己变得更有个性，让自己更主动地融合这个集体之中。

【房彩霞】人们常说，世上没有两片相同的树叶，反之，世上也没有两片完全不同的树叶。学校亦如此。在同一教育体制之下，在遵循教育的共同规律中寻找适合自己的个性特点，是我校走出的一条介于共性与个性之间的发展之路。

【陶继新】这条路，是属于营东小学的，它烙印着您的思想，也记忆着师生的行动。相信营东小学在您的引领下，会在共性与个性之间欢快地跳舞，并舞出一个令人欣喜的美丽来。

情暖校园

跋

  这本书出版的时间比预期推迟了大概有两年多，其中的原因，从陶老师的序言中，可能读者已经略知一二了，原因在我。

  陶老师用顺叙的写法为该书作序，那我就用倒叙的方法为此书写跋吧，在顺序与倒叙的相互呼应之间还原更多的真实瞬间。

  2016年8月11日晚上9点多，打开电脑看到了陶老师发到我邮箱的序言，22点11分陶老师的手机应该接到了这样一条短信："陶老师，您写的序我已经拜读，感激之情，会以跋作答。所有关于书稿的工作，8月底一定完工。"短信发出之后，我便在电脑上敲下了第一个字——跋。

  这条短信，虽然寥寥几字，但它既是我对陶老师无法言表的感激之情的传递，也是在兑现序中陶老师提到的那次共进午餐时我曾经许下的诺言。

  陶老师的工作一向繁忙，在百忙之中邀我共进午餐，我猜也是对于我一拖再拖的无奈之举，电话里多次的"以后"已经让陶老师彻底对我失去了信任。"你说的以后，我不再相信。"如果没猜错，这应该是陶老师当时的心理活动，呵呵。席间，如我去之前所料，虽然已将状态调至最好，终究还是没能在陶老师和他办公室的工作人员面前控制好情绪。不到两个小时的面对面交流，真的胜过了一年多的电话沟通。陶老师是懂我的，他知道，这本书稿，虽然由于我一时的情绪波动，一拖再拖，其实在心底终究是放不下的，所以才会有序中提到的一催再催。我深知，如果没有陶老师的一催再催，尽管放不下，但是这本书稿很有可能会成为我心底的一艘沉船，也许真的会留下终生的遗憾。众所周知，希望与陶老师对话的人很多，说出来任何一个名字都如雷贯耳，这本书出版不出版，其实对于陶老师而言，实在无足轻重，陶老师的这份坚持其实是希望给我一份圆满。因为他太清楚营东小学 24 年的工作经历在我生命中所占的分量。这种分量我真的不知道该用什么样的文字形容，因为在 24 年这个生命长度面前，我觉得什么样的文字似乎都难承其重。

时间接着倒推，其实陶老师不知，在离开营东之后，在那次午餐之前，我也曾经多少次坐在电脑前面，多少次打开书稿，每次当看到第一章《我与"左岸"的故事》的瞬间，思绪便立刻在"100 天盛开的花""30 年，激情燃烧的岁月""岁末写诗"这一个个温暖的故事中回到多年以前，而后便久久地沉浸其中，思绪也停滞不前。故事，最容易成为永远抹不去的记忆。于是，我对自己说，既然忘却很难，那就只能暂时搁浅。

我已经记不太清与陶老师第一次对话的准确时间了。前面所说的内容不过是倒叙时必经的时间段罢了，时间倒推到第一次对话这个时间节点，才是我今天想说的关键。可能很多人会想，你当时哪来的勇气，与陶老师对话？我原来从没有想过。陶老师在序中对我的盛赞让我很汗颜，实在不能和曾经与陶老师对过话的知名校长们同日而语。名不见经传的我之所以最终能够有勇气坐在电脑前与陶老师对话，主要是想借这个难得的机会来学习并提升自己，此书精彩之处都在陶老师的点评中。

起初的对话，毫不夸张地讲，我是在诚惶诚恐中开始的，但是，随着话题的不断深入，有种感觉愈加强烈起来，我发现自己本是源自感性的言行，在陶老师的指点与提升下便成为了理性的认知，就像我校的办学理念一经文中提及的陈培瑞书记的指点，营东小学的教育便信心满满地行走在了共性与个性之间一样。每次对话结束，顿感心中有路，踏实了许多，继

情暖校园

而，还会滋生出一种小小的成就感，而后便又生出了一份期待。有一种期待，叫"对话陶老师"。不知不觉中，十余万字的对话书稿便完成了。真心感谢陶老师字里行间的倾情鼓励与悉心指教，相信流淌在文字中的这份良苦用心，有心的读者和我一样会懂得。

说实话，陶老师的序让我有了几分担心，担心会让读者有太高的期望值，害怕让读者失望。因为走出营东小学，站在更广阔的平台上，才发现自己信誓旦旦、竭尽全力地想要为师生撑起一片多彩的天空，现在看来也不过是撑起了一把伞而已。但是，不管怎样，这片天空于我而言，却是我生命中永远的一片蔚蓝。这本书的出版，就算是给这24年的光阴扎一个"美丽的蝴蝶结"，作为我人生中一份永久的纪念，纪念在营东小学的那片天空下曾经发生的许许多多的故事，那是我和"左岸"、我和老师们、我和孩子们、我和营东的故事……

讲一个个温暖的故事给你听，就在这里，就在现在……

房彩霞
2016年8月12日

图书在版编目（CIP）数据

情暖校园/陶继新，房彩霞著. —福州：福建教育出版社，2017.7
ISBN 978-7-5334-7698-4

Ⅰ.①情… Ⅱ.①陶…②房… Ⅲ.①小学教育－研究 Ⅳ.①G62

中国版本图书馆 CIP 数据核字（2017）第 077471 号

Qingnuan Xiaoyuan
情暖校园
陶继新　房彩霞　著

出版发行	海峡出版发行集团
	福建教育出版社
	（福州市梦山路 27 号　邮编：350025　网址：www.fep.com.cn
	编辑部电话：0591—83727542
	发行部电话：0591—83721876　87115073　010—62027445）
出 版 人	江金辉
印　　刷	福州泰岳印刷广告有限公司
	（福州市鼓楼区白龙路 5 号　邮编：350003）
开　　本	720 毫米×1000 毫米　1/16
印　　张	11
字　　数	168 千字
插　　页	2
版　　次	2017 年 7 月第 1 版　2017 年 7 月第 1 次印刷
书　　号	ISBN 978-7-5334-7698-4
定　　价	25.00 元

如发现本书印装质量问题，请向本社出版科（电话：0591—83726019）调换。